DRAAKONI PUUVILJAD MÕNUD

Avastage draakoniviljade magusaid ja soolaseid maitseid 100 maitsva retseptiga igaks söögikorraks ja sündmuseks

Rasmus Sokolov

Autoriõigus materjal ©2023

Kõik õigused kaitstud

Ühtegi selle raamatu osa ei tohi mingil kujul ega vahenditega kasutada ega edastada ilma kirjastaja ja autoriõiguse omaniku nõuetekohase kirjaliku nõusolekuta, välja arvatud ülevaates kasutatud lühikesed tsitaadid. Seda raamatut ei tohiks pidada meditsiiniliste, juriidiliste või muude professionaalsete nõuannete asendajaks.

SISUKORD

SISU **3**
SISSEJUHATUS **6**
HOMMIKUSÖÖK JA BRUNCH **7**
EELROID JA SUUNID **28**
11. Dragon Fruit ja Black Bean Enchiladas 29
12. Dragon Fruit Bruschetta 31
13. Dragon Fruit Chips 35
15. Aurutatud valge draakonipuuvilja muffinid 39
16. Dragon Fruit Caprese vardas 41
17. Dragon Fruit Chia energiapallid 43
18. Draakonipuu- ja kookospähkli energiahammustused 31
20. Dragon Fruit juustukoogi hammustused 47
21. Dragon Fruit Chocolate Trühvlid 49
22. Draakoniviljade ja pähklivõiga täidetud datlid 51
PÕHIROOG **53**
23. Dragon Fruit kana ja võipähklipüreega 54
24. Dragon Fruit Shrimp Shrimp Fry 57
25. Dragon Fruit ja Salmon Poke Bowl 59
26. Draakonipuu- ja sealihatacod 61
27. Dragon Fried Rice 63
28. Praetud tuunikala draakoniviljasalsaga 65
29. Grillitud kana draakoniviljasalsaga 67
30. Dragon Fruit Curry 78
31. Dragon Fruit täidisega Portobello seened 69
SUPID JA KARRIID **71**
32. Dragon Fruit ja Tofu karri 72
33. Pink Blossom Fresh Fruit Soup 74
35. Kookospähkli mango pitaya saago supp 76
SALATID **78**
36. Ploom Wine Infused Dragon Fruit Salat 81
37. Eksootiline puuviljasalat 83
38. Draakonivilja-õunasalat 85
40. Draakoni puuviljasalat tadžiniga 87
41. Draakoniviljade ja avokaado salat grillitud krevettidega ... 89
42. Draakonivilja ja kiivi salat 91
43. Draakoni puuviljasalat ingveri-laimi kastmega 93
44. Draakonivilja ja kinoa salat 95
45. Draakonipuuviljade ja vereapelsini salat 97
46. Ploom Wine Infused Dragon Fruit Salat 99

47. Draakonipuu- ja krabisalat 101
48. Draakoniviljade waldorfsalat 103
MAGUSTOIT 105
49. Goji, pistaatsia ja sidruni tort 106
50. Dragon Fruit Jogurt Parfe 109
51. Dragon Fruit Popsicles 111
52. Dragon Fruit Sorbett 113
53. Dragon Fruit Chiffon Cupcakes 115
54. Vaarika- ja draakoniviljavahukook 117
55. Draakonivilja tarretised 119
56. Dragon Fruit Guajaav Popsicles 121
57. Vaarika Dragon Fruit Popsicles 123
58. Pink Dragon Fruit Layer kook 125
59. Dragon Fruit Topped Tart 127
60. Võimatu Dragon Fruit Pie 130
61. Tort Dragon Fruit võikreemiga 132
62. Dragon Fruit Barfi 134
63. Dragon Fruit Tapiokipuding 136
64. Dragon Fruit Firni 138
65. Dragon Fruit Custard besee-sarapuupähkli tartuga 140
66. Dragon Fruit Coconut Modak 142
67. Draakonivili Kalakand 144
68. Draakoniviljamaitseline Lassi 170
69. Dragon Fruit Jelly või puding 146
70. Red Dragon Fruit Pudding 148
SALSA JA KASTSED 150
71. Dragon Fruit Salsa 151
72. Dragon Fruit Guacamole 153
73. Dragon Fruit Chutney 155
74. Dragon Fruit Sinep 157
75. Dragon Fruit Aioli 159
SMUUTID 165
76. Draakoni mango smuuti 166
77. Taimne Dragon Fruit Smoothie 168
78. Berry Dragon Fruit Smuuti 170
79. Kookose Chia Dragon Fruit Smoothie purgid 174
80. Vanill Swirled Dragon Fruit Smoothie Bowl 176
81. Draakonipuuviljade ja ananassidega smuuti 178
82. Bloody Dragon Fruit Smoothie 180
83. Pitaya Bowl (draakonivili) 182
84. Peedi- ja draakoniviljade smuuti 184

85. Dragon Fruit Ginger Smoothie Bowl 186
86. Dragon Fruit Milkshake 188
87. Draakonivilja ja mandli smuuti 190
88. Dragon Fruit Oat Smoothie 192
89. Dragon Fruit Mango jogurt ja Yakult smuuti 194
90. Draakonipuuviljade ja maasika smuuti 196
KOKTEILID JA MOKTEILID 198
91. Dragon Fruit Mojito 199
92. Dragon Fruit Cucumber Limeade 201
93. Litchi Dragon Mocktail 204
94. Kiivi punase draakoni mahl 206
95. Dragon Fruit Limonade 208
96. Draakoni puuvilja-ploomi mahl 210
97. Dragon Fruit Margarita 212
98. Dragon Fruit Spritzer 214
99. Dragon Fruit & Elderberry kokteil 216
100. Pitaya Picante kokteil 218
KOKKUVÕTE 220

SISSEJUHATUS

Tere tulemast DRAAKONI PUUVILJAD MÕNUD'i! See kokaraamat tähistab ainulaadset ja elavat puuvilja, mida tuntakse draakonivilja nime all, mida nimetatakse ka pitayaks. Oma erkroosa või kollase koorega ja mahlase, kergelt magusa, mustade seemnetega täpilise viljalihaga on draakonivili mitte ainult silmailu, vaid ka maitsemeeltele.

Sellest kokaraamatust leiate üle 50 retsepti, mis tutvustavad selle troopilise puuvilja mitmekülgsust. Alates smuutikaussidest ja salatitest kuni tacode ja friikartuliteni – draakonipuuvilju saab kasutada nii magusates kui soolastes roogades, lisades teie toidule värvi ja värskendava maitse.

Draakonivili pole mitte ainult maitsev, vaid ka täis toitaineid. See puuvili on madala kalorsusega, kuid palju kiudaineid, antioksüdante ning C- ja B-vitamiini, mis muudab selle suurepäraseks lisandiks tervislikule ja tasakaalustatud toitumisele.

Niisiis, sukeldugem draakoniviljade maailma ja avastagem kõik meeldivad viisid selle eksootilise puuvilja nautimiseks!

HOMMIKUSÖÖK JA BRUNCH

1. Dragon Fruit Chia puding

KOOSTISOSAD:
- 1 draakoni vili
- 1 tass kookospiima
- ¼ teelusikatäit vaniljeekstrakti (või ½ tl vaniljeessentsi)
- 2 supilusikatäit suhkrut
- 4 supilusikatäit Chia seemneid

JUHISED:
a) Koorige ja tükeldage draakonivili.
b) Blenderda kõik koostisosad ühtlaseks massiks.
c) Aseta 1-3 tunniks või kuni üleöö külmkappi tahenema.
d) Kaunista ja serveeri jahutatult.

2. Draakoni puuvilja- ja kookosepannkoogid

KOOSTISOSAD:
- 1 draakoni vili
- 1 tass universaalset jahu
- 2 tl küpsetuspulbrit
- ¼ teelusikatäit soola
- 1 muna
- 1 tass kookospiima
- 2 spl kookosõli

JUHISED:
a) Lõika draakonivili pooleks ja eemalda viljaliha.
b) Vahusta kausis jahu, küpsetuspulber ja sool.
c) Vahusta eraldi kausis muna, kookospiim ja kookosõli.
d) Lisage märjad koostisosad kuivadele koostisosadele ja segage, kuni need on lihtsalt segunenud.
e) Voldi sisse draakoni viljaliha.
f) Kuumuta mittenakkuva pann keskmisel kuumusel ja vala tainas pannile.
g) Küpseta pannkooke mõlemalt poolt 2-3 minutit või kuni need on kuldpruunid.
h) Serveeri kuumalt, siirupi või täiendavate puuviljadega.

3. Draakonipuu ja avokaado röstsai

KOOSTISOSAD:
- 1 draakoni vili
- 1 avokaado
- 2 viilu täisteraleiba
- 1 spl sidrunimahla
- Sool ja pipar, maitse järgi

JUHISED:
a) Lõika draakonivili pooleks ja eemalda viljaliha.
b) Lõika avokaado pooleks ja eemalda kaev.
c) Koori avokaado viljaliha välja ja püreesta kausis.
d) Sega juurde sidrunimahl, sool ja pipar.
e) Rösti saiaviilud.
f) Määri avokaadosegu röstsaiale.
g) Pealt viilutatud draakonipuuviljadega.
h) Serveeri kohe.

4. Sojabanaani draakonivilja kaerapuder rukkihelvestega

KOOSTISOSAD:
- 1/2 tassi valtsitud kaera
- 1 tass sojapiima (või mis tahes piima valikul)
- 1 küps banaan, purustatud
- 1/2 tassi draakoni puuviljapüreed
- 1 spl mett või vahtrasiirupit
- Katteks rukkihelbed
- Kaunistuseks viilutatud banaan ja draakonivili

JUHISED:
Sega kastrulis valtsitud kaer ja sojapiim. Keeda keskmisel kuumusel, kuni kaer on pehme ja segu pakseneb.

Segage püreestatud banaan, draakoni puuviljapüree ja mesi või vahtrasiirup.

Jätkake küpsetamist paar minutit, kuni see on hästi segunenud ja kuumenenud.

Eemaldage kuumusest ja laske veidi jahtuda.

Puista peale rukkihelbeid ning kaunista viilutatud banaani ja draakoniviljadega.

Serveeri soojalt.

5. Roosa kaerahelbed Pitaya pulbriga

KOOSTISOSAD:

- 1 tass valtsitud kaerahelbeid
- 2 tassi vett
- 2 supilusikatäit pitaya pulbrit
- Maitse järgi mett või vahtrasiirupit
- Katteks värsked puuviljad ja pähklid

JUHISED:

Aja kastrulis vesi keema.

Lisa keeduvette valtsitud kaer ja keeda vastavalt pakendi juhistele.

Sega juurde pitaya pulber ja maitsesta mee või vahtrasiirupiga.

Eemaldage kuumusest ja laske veidi jahtuda.

Kõige peale lisa värskeid puuvilju ja pähkleid.

Serveeri soojalt.

6. Draakoni puuvilja- ja banaanimuffinid

KOOSTISOSAD:
- 1 draakoni vili
- 1 banaan
- ½ tassi suhkrut
- ¼ tassi taimeõli
- 1 muna
- 1 tass universaalset jahu
- 1 tl küpsetuspulbrit
- ½ tl söögisoodat

JUHISED:
a) Kuumuta ahi temperatuurini 350 °F (175 °C).
b) Lõika draakonivili pooleks ja eemalda viljaliha.
c) Püreesta kausis banaan ning sega hulka suhkur ja taimeõli.
d) Klopi sisse muna, kuni see on hästi segunenud.
e) Vahusta eraldi kausis jahu, küpsetuspulber ja sooda.
f) Sega kuivained banaanisegusse, kuni need on lihtsalt segunenud.
g) Voldi sisse draakoni viljaliha.
h) Vooderda muffinivorm pabervooderdistega ja tõsta lusikaga taigen igasse tassi.
i) Küpseta 20-25 minutit või kuni keskele torgatud hambaork tuleb puhtana välja.
j) Enne serveerimist lase muffinitel jahtuda.

7. Avokaado röstsai draakoni puuviljamaitsega

KOOSTISOSAD:
- 2 viilu leiba
- 1 küps avokaado
- Draakoni puuvilja viilud
- Sool ja pipar maitse järgi
- Laimimahl (valikuline)
- Tšillihelbed (valikuline)

JUHISED:
Rösti saiaviilud kuldpruuniks.

Püreesta küps avokaado kahvliga ja määri ühtlaselt röstitud saiale.

Tõsta avokaado peale draakonivilja viilud.

Maitsesta soola ja pipraga maitse järgi.

Pigista peale veidi laimimahla ja soovi korral puista peale tšillihelbeid.

Serveeri kohe.

8. Draakoni puuvilja ja granola jogurti kauss

KOOSTISOSAD:
- 1 draakoni vili
- 1 tass kreeka jogurtit
- ½ tassi granolat
- 1 spl mett

JUHISED:
a) Lõika draakonivili pooleks ja eemalda viljaliha.
b) Sega kausis kreeka jogurt ja mesi.
c) Laota eraldi kaussi draakoni viljaliha, Kreeka jogurtisegu ja granola.
d) Korrake kihte, kuni kõik koostisosad on kasutatud.
e) Serveeri jahutatult.

9. Draakonipuu ja kookose kaerahelbed

KOOSTISOSAD:
- 1 draakoni vili
- 1 tass valtsitud kaerahelbeid
- 2 tassi kookospiima
- ¼ tassi hakitud kookospähklit
- ¼ tassi mett

JUHISED:

a) Lõika draakonivili pooleks ja eemalda viljaliha.

b) Sega kastrulis valtsitud kaer, kookospiim, hakitud kookospähkel ja mesi.

c) Küpseta segu keskmisel kuumusel, sageli segades, 10–15 minutit või kuni kaerahelbed on paksud ja kreemjad.

d) Sega juurde draakoni viljaliha.

e) Serveeri kuumalt, lisades veel puuvilju või pähkleid.

10. Draakonivilja ja mandlivõiga röstsai

KOOSTISOSAD:
- 1 draakoni vili
- 2 viilu täisteraleiba
- 2 spl mandlivõid
- 1 spl mett

JUHISED:
a) Lõika draakonivili pooleks ja eemalda viljaliha.
b) Rösti saiaviilud.
c) Määri mandlivõi röstsaiale.
d) Pealt viilutatud draakonipuuviljadega.
e) Nirista meega.
f) Serveeri kohe.

EELROID JA SUUNID

11. Draakonipuu ja must oa enchiladas

KOOSTISOSAD:
- 1 draakoni vili
- 1 purk musti ube, nõruta ja loputa
- ½ tassi hakitud punast sibulat
- ¼ tassi hakitud koriandrit
- 1 laim, mahl
- 1 tl tšillipulbrit
- 1 tl küüslaugupulbrit
- Sool ja pipar maitse järgi
- 8 väikest maisi tortillat
- 1 tass enchilada kastet
- 1 tass hakitud Cheddari juustu

JUHISED:
a) Lõika draakonivili pooleks ja eemalda viljaliha.
b) Sega suures kausis mustad oad, punane sibul, koriander, laimimahl, tšillipulber, küüslaugupulber, sool ja pipar.
c) Voldi sisse draakoni viljaliha.
d) Kuumuta ahi temperatuurini 375 °F (190 °C).
e) Määri 9x13-tollise ahjuvormi põhjale õhuke kiht enchilada kastet.
f) Soojenda tortillasid mikrolaineahjus või küpsetusplaadil.
g) Tõsta igale tortillale lusikaga draakonivilja ja musta oa segu ning keera see tihedalt kokku.
h) Aseta rullitud tortillad õmblusega pool allapoole ahjuvormi.
i) Vala ülejäänud enchilada kaste rulli keeratud tortillade peale.
j) Puista peale hakitud Cheddari juust.
k) Küpseta 20-25 minutit või kuni juust on sulanud ja mullitav.
l) Serveeri kuumalt, soovi korral lisa koriandri- ja laimiviiludega.

12. Draakoni puuvilja- ja kookospähkli energiahammustused

KOOSTISOSAD:

- 1 tass kivideta datleid
- 1 tass tooreid india pähkleid
- 1/2 tassi hakitud kookospähklit
- 1/4 tassi draakoni puuviljapüreed
- 1 supilusikatäis chia seemneid
- 1 supilusikatäis mett või vahtrasiirupit (valikuline)
- Ekstra hakitud kookospähkel rullimiseks

JUHISED:

Sega köögikombainis datlid, india pähklid, riivitud kookospähkel, draakoni puuviljapüree, chia seemned ja mesi või vahtrasiirup (soovi korral), kuni segu on hästi segunenud ja segu kleepub.

Veereta segust väikesed hammustusesuurused pallikesed.

Veeretage energiahammustused ekstra hakitud kookospähklis, et neid katta.

Tõsta energiahammustused küpsetuspaberiga kaetud ahjuplaadile.

Pane vähemalt 1 tunniks külmkappi tahenema.

Nautige neid toitvaid ja maitsvaid draakoniviljade ja kookospähkli energiahammustusi kiire vahepalana.

13. Dragon Fruit Bruschetta

KOOSTISOSAD:
- 1 draakoni vili
- ½ tassi tükeldatud tomatit
- ¼ tassi hakitud basiilikut
- ¼ tassi murendatud fetajuustu
- 2 spl balsamico glasuuri
- Baguette viilud röstitud

JUHISED:

a) Lõika draakonivili pooleks ja eemalda viljaliha.

b) Sega keskmises kausis draakonipuuvili, tomat, basiilik ja fetajuust.

c) Sega korralikult läbi ja lase bruschettal vähemalt 10 minutit seista, et maitsed sulaksid.

d) Katke iga baguette viil draakonivilja bruschettaga ja nirista peale balsamico glasuuri.

e) Serveeri kohe.

14. Draakoni puuviljakrõpsud

KOOSTISOSAD:
- 2 draakoni vilja
- 2 spl kookosõli
- Soola maitse järgi

JUHISED:
a) Kuumuta ahi temperatuurini 200 °F.
b) Vooderda ahjuplaat küpsetuspaberiga.
c) Lõika draakonivili õhukesteks viiludeks.
d) Viska kausis viilud kookosõli ja soolaga.
e) Laota viilud ahjuplaadile.
f) Küpseta 2-3 tundi või kuni viilud on krõbedad.

15. Draakoni puuvilja- ja toorjuusturullid

KOOSTISOSAD:
- 1 draakoni vili, tükeldatud
- 4 untsi toorjuustu, pehmendatud
- 4 jahu tortillat
- 2 supilusikatäit mett

JUHISED:
a) Määri igale jahutortillale toorjuust.
b) Puista kuubikuteks lõigatud draakonivili toorjuustukreemile.
c) Nirista draakoniviljale mett.
d) Keera tortillad tihedalt kokku.
e) Lõika iga rullik suupistesuurusteks tükkideks.

16. Aurutatud valge draakonipuuvilja muffinid

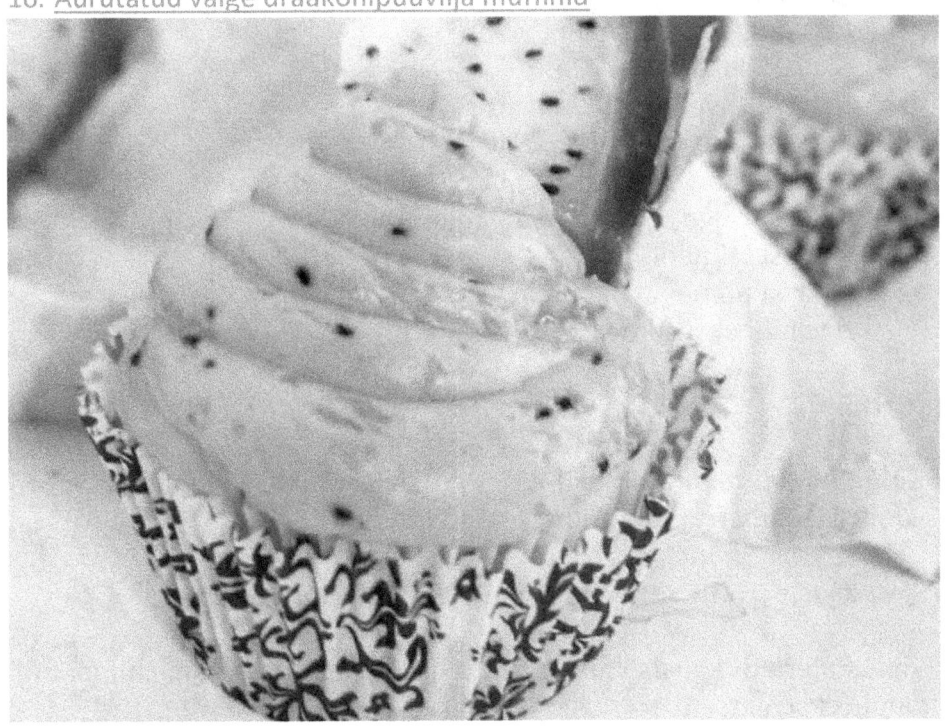

KOOSTISOSAD:
- 1 tass universaalset jahu
- 1/2 tassi suhkrut
- 1 tl küpsetuspulbrit
- 1/2 tl söögisoodat
- 1/4 teelusikatäit soola
- 1/2 tassi valge draakoni puuviljapüree
- 1/4 tassi taimeõli
- 1/4 tassi piima
- 1 tl vaniljeekstrakti

JUHISED:

Kuumuta ahi temperatuurini 350 °F (175 °C). Määri muffinivorm või vooderda paberist vooderdistega.

Sega kausis jahu, suhkur, küpsetuspulber, sooda ja sool.

Vahusta eraldi kausis valge draakoni puuviljapüree, taimeõli, piim ja vaniljeekstrakt.

Valage märjad koostisosad kuivade koostisosade hulka ja segage, kuni need on lihtsalt segunenud.

Jaga taigen ühtlaselt muffinitopside vahel.

Küpseta 15-20 minutit või kuni keskele torgatud hambaork tuleb puhtana välja.

Võta ahjust välja ja lase enne serveerimist jahtuda.

17. Dragon Fruit Caprese vardas

KOOSTISOSAD:
- 1 draakoni vili, kuubikuteks
- Värsked mozzarella pallid
- kirsstomatid
- Värsked basiiliku lehed
- Tilgutamiseks palsamiglasuur

JUHISED:
Lõika igasse vardasse kuubik draakonivilja, mozzarellapall, kirsstomat ja basiilikuleht.

Korrake, kuni kõik koostisosad on kasutatud.

Laota vardad vaagnale.

Vahetult enne serveerimist nirista peale balsamico glasuur.

Nautige neid särtsakaid ja maitsekaid vardaid kerge ja värvilise eelroana.

18. Dragon Fruit Chia energiapallid

KOOSTISOSAD:
- 1 tass kivideta datleid
- 1 tass mandleid
- 1/2 tassi kuivatatud hakitud kookospähklit
- 1/4 tassi draakoni puuviljapüreed
- 1 supilusikatäis chia seemneid
- 1 supilusikatäis mett või vahtrasiirupit (valikuline)

JUHISED:
Sega köögikombainis datlid, mandlid, kuivatatud rebitud kookospähkel, draakoni viljapüree, chia seemned ja mesi või vahtrasiirup (soovi korral), kuni segu on hästi segunenud ja segu kleepub.

Veereta segust väikesed pallikesed.

Aseta energiapallid õhukindlasse anumasse ja pane vähemalt 1 tunniks külmkappi tahenema.

19. Draakoni puuvilja- ja jogurtiparfee hammustused

KOOSTISOSAD:

- 1 tass kreeka jogurtit
- 1/4 tassi draakoni puuviljapüreed
- 1 supilusikatäis mett või vahtrasiirupit (valikuline)
- Katteks värsked marjad

JUHISED:

Sega kausis kokku kreeka jogurt, draakoni puuviljapüree ja mesi või vahtrasiirup (soovi korral).
Tõsta lusikaga väike kogus jogurtisegu igasse minimuffinitopsi või silikoonvormi.
Kõige peale tõsta värsked marjad.
Korrake kihte, kuni tassid või vormid on täidetud.
Aseta parfeed vähemalt 2 tunniks sügavkülma tahenema.
Pärast külmutamist eemaldage hammustused vormidest ja viige need õhukindlasse anumasse.
Serveerige draakonivilja- ja jogurtiparfee suupisteid otse sügavkülmast, et saada värskendav ja tervislik maiuspala.

20. Dragon Fruit juustukoogi hammustused

KOOSTISOSAD:
- 1 tass Grahami kreekeripuru
- 2 spl sulatatud võid
- 8 untsi toorjuustu, pehmendatud
- 1/4 tassi tuhksuhkrut
- 1/4 tassi draakoni puuviljapüreed
- 1 tl vaniljeekstrakti

JUHISED:

Sega segamisnõus Grahami kreekeripuru ja sulatatud või. Sega, kuni puru on ühtlaselt kaetud.

Suru purusegu minimuffinivormi või silikoonvormi põhja, et tekiks koorik.

Vahusta eraldi kausis toorjuust, tuhksuhkur, draakoni puuviljapüree ja vaniljeekstrakt ühtlaseks ja kreemjaks vahuks.

Tõsta lusikaga toorjuustusegu igas muffinitopsis või -vormis olevale Grahami kreekerikoorele.

Silu pealsed lusika või spaatliga ühtlaseks.

Aseta juustukoogid vähemalt 2 tunniks külmkappi tahenema.

Kui see on tahenenud, eemaldage hammustused vormidest ja serveerige jahutatult.

21. Dragon Fruit šokolaadi trühvlid

KOOSTISOSAD:
- 1/2 tassi draakoni puuviljapüreed
- 8 untsi tumedat šokolaadi, tükeldatud
- 2 spl soolata võid
- Rebitud kookos- või kakaopulber rullimiseks

JUHISED:

Kuumuta potis draakoniviljapüreed keskmisel kuumusel, kuni see keeb.
Tõsta tulelt ning lisa pannile tükeldatud tume šokolaad ja või.
Sega kuni šokolaad ja või on sulanud ning segu ühtlane.
Laske segul jahtuda toatemperatuurini.
Pärast jahtumist asetage segu külmkappi umbes 1 tunniks või kuni see on tahke.
Kasutage lusika või melonipalli, et võtta segust väikesed portsjonid ja rullida need hammustusesuurusteks trühvliteks.
Veereta trühvleid katteks hakitud kookos- või kakaopulbris.
Tõsta trühvlid küpsetuspaberiga kaetud ahjuplaadile.
Pane vähemalt 1 tunniks külmkappi tahenema.
Nautige neid dekadentlikke Dragon Fruit šokolaaditrühvleid veetleva maiuspalana.

22. Draakoni- ja pähklivõiga täidetud datlid

KOOSTISOSAD:
- Medjool datlid, kivideta
- Teie valitud pähklivõi (nt mandlivõi või maapähklivõi)
- Draakoni puuviljaviilud kaunistuseks (valikuline)

JUHISED:
a) Võtke iga kividega kuupäev ja avage see õrnalt.
b) Täida iga datli süvend väikese koguse pähklivõiga.
c) Vajuta datlid suletuna, et pähklivõi sisse suletuks.
d) Tõsta täidetud datlid taldrikule või serveerimisnõule.
e) Kaunista soovi korral draakoniviljaviiludega.
f) Nautige neid magusaid ja rahuldavaid draakoniviljade ja pähklivõiga täidetud datleid tervisliku suupiste või magustoiduna.

PÕHIROOG

23. Draakonipuuvili kana ja võipähklipüreega

KOOSTISOSAD:
PUREE
- ½ väikest kõrvitsat, tükeldatud
- 5 porgandit, õhukeselt viilutatud
- ¼ tassi orgaanilist soolata võid, lõigatud tükkideks
- 2 spl värsket apelsinimahla
- 1 spl värsket sidrunimahla
- 2 tl kooritud ja riivitud värsket ingverit
- ¼ teelusikatäit meresoola ja jahvatatud musta pipart

KANA
- 1 nael kondita, nahata kana reied
- 1 spl oliiviõli
- 2½ tl peeneks hakitud värsket tüümiani
- 2 tl värsket sidrunikoort
- ¼ tl jahvatatud musta pipart
- ⅛ teelusikatäit meresoola

SALAT
- ¼ tassi ekstra neitsioliiviõli
- 2 spl õunasiidri äädikat
- 1 spl kooritud ja hakitud ingverit
- 1 spl värsket apelsinimahla
- 1 spl värsket sidrunimahla
- 1 tl toores mett
- ⅛ teelusikatäit meresoola ja jahvatatud musta pipart
- 1 draakoni vili (valge või roosa), kooritud ja kuubikuteks lõigatud
- 2¼ pakitud tassi frisée, mis on lõigatud 2-tollisteks tükkideks (umbes 4 untsi) või segatud rohelised
- 1 spl peeneks hakitud värsket piparmünti
- ⅓ tassi jämedalt hakitud röstitud soolamata mandleid
- 1 šalottsibul, peeneks hakitud

JUHISED:
a) Asetage rest ahju ülemisse kolmandikku; eelsoojendage temperatuurini 400 °F.

b) Valmistage püree: asetage auruti korv suurde potti, mille vesi jääb ½ tolli korvi alla.

c) Asetage squash ja porgandid korvi, katke ja laske keema tõusta; alanda kuumust keskmisele ja auruta 20 minutit, kuni see on pehme.

d) Tõsta koos ülejäänud püree koostisosadega blenderisse; blenderda ühtlaseks. Katke soojas hoidmiseks.

e) Vahepeal valmista kana: Määri kana õliga; maitsesta tüümiani, sidrunikoore, pipra ja soolaga. Laota küpsetuspaberiga kaetud ahjuplaadile.

f) Rösti, kuni kana jõuab sisetemperatuurini 165 °F, 15–20 minutit.

g) Viige lõikelauale; lase seista 10 minutit, kergelt kaanega. Lõika ½-tollisteks ribadeks.

h) Valmistage salat: segage keskmises kausis õli, äädikas, ingver, apelsinimahl, sidrunimahl, mesi, sool ja pipar.

i) Lisa ülejäänud salati koostisosad; õrnalt viskama. Serveeri püree ja viilutatud kanaga.

24. Dragon Fruit Shrimp Fry

KOOSTISOSAD:
- 1 draakoni vili
- 1 kilo krevette, kooritud ja tükeldatud
- 1 punane paprika, viilutatud
- 1 kollane sibul, viilutatud
- 2 küüslauguküünt, hakitud
- 2 spl sojakastet
- 2 spl taimeõli

JUHISED:
a) Lõika draakonivili pooleks ja eemalda viljaliha.
b) Kuumutage vokkpannil või suurel pannil taimeõli kõrgel kuumusel.
c) Lisa krevetid ja prae segades 2–3 minutit või kuni need on roosad ja läbiküpsenud.
d) Lisage paprika, sibul ja küüslauk ning prae segades veel 2-3 minutit või kuni köögiviljad on veidi pehmenenud.
e) Lisa sojakaste ja sega ühtlaseks.
f) Voldi sisse draakoni viljaliha ja küpseta veel 1-2 minutit või kuni see on läbi kuumenenud.
g) Serveeri kuumalt riisi või nuudlitega.

25. Draakonipuu- ja lõhepoke kauss

KOOSTISOSAD:
- 1 draakoni vili
- 1 nael sushi-klassi lõhet, kuubikuteks
- ½ tassi viilutatud kurki
- ½ tassi viilutatud avokaadot
- ¼ tassi viilutatud talisibulat
- 2 spl sojakastet
- 2 spl riisiäädikat
- 1 spl seesamiõli
- Sool ja pipar maitse järgi
- Keedetud riis, serveerimiseks

JUHISED:
a) Lõika draakonivili pooleks ja eemalda viljaliha.
b) Segage suures kausis lõhe, kurk, avokaado ja talisibul.
c) Vahusta eraldi kausis sojakaste, riisiäädikas, seesamiõli, sool ja pipar.
d) Voldi kaste lõhe segusse, kuni see on hästi segunenud.
e) Voldi sisse draakoni viljaliha.
f) Serveeri keedetud riisiga.

26. Draakonipuu- ja sealihatacod

KOOSTISOSAD:
- 1 draakoni vili
- 1 nael jahvatatud sealiha
- ½ tassi hakitud punast sibulat
- ¼ tassi hakitud koriandrit
- 1 laim, mahl
- 2 tl tšillipulbrit
- 1 tl küüslaugupulbrit
- 1 tl köömneid
- Sool ja pipar maitse järgi
- 8 väikest tortillat

JUHISED:

a) Lõika draakonivili pooleks ja eemalda viljaliha.

b) Küpseta suurel pannil sealiha keskmisel kuumusel, kuni see on pruunistunud ja läbi küpsenud.

c) Lisage punane sibul, koriander, laimimahl, tšillipulber, küüslaugupulber, köömned, sool ja pipar ning segage.

d) Voldi sisse draakoni viljaliha ja küpseta veel 1-2 minutit või kuni see on läbi kuumenenud.

e) Soojenda tortillasid mikrolaineahjus või küpsetusplaadil.

f) Tõsta lusikaga sealiha ja draakoniviljade segu tortilladele.

g) Serveeri kuumalt, soovi korral lisa koriandri- ja laimiviiludega.

27. Draakoni praetud riis

KOOSTISOSAD:
- 2 tassi keedetud jasmiini riisi (külm)
- 1 tass kuubikuteks lõigatud köögivilju (nt porgandid, herned, paprika)
- 1/2 tassi kuubikuteks lõigatud keedetud kana või krevette (valikuline)
- 2 spl taimeõli
- 2 spl sojakastet
- 1 supilusikatäis austrikastet (valikuline)
- 1/2 tl riivitud ingverit
- 2 küüslauguküünt, hakitud
- 2 muna, lahtiklopitud
- Sool ja pipar maitse järgi
- Kaunistuseks viilutatud roheline sibul

JUHISED:
Kuumuta taimeõli suurel pannil või wokis keskmisel-kõrgel kuumusel.

Lisa riivitud ingver ja hakitud küüslauk ning prae 1 minut, kuni need muutuvad lõhnavaks.

Lisa kuubikuteks lõigatud köögiviljad ja keedetud kana või krevetid (kui kasutad) ning prae segades 2–3 minutit, kuni köögiviljad on pehmed.

Lükake köögiviljad panni ühele küljele ja valage lahtiklopitud munad teisele poole.

Vahusta munad küpseks, seejärel sega need köögiviljadega.

Lisa pannile külm keedetud riis ja prae segades veel 2-3 minutit, et see läbi kuumeneks.

Nirista riisile sojakaste ja austrikaste (kui kasutad) ning maitsesta soola ja pipraga.

Prae segades veel 2 minutit, kuni kõik on hästi segunenud ja kuumenenud.

Tõsta tulelt ja kaunista viilutatud rohelise sibulaga.

Serveeri kuumalt.

28. Praetud tuunikala draakoniviljasalsaga

KOOSTISOSAD:
- 1 väike draakoni vili - kuubikuteks
- 1 šalottsibul - hakitud
- 1 serrano – Fresno ehk jalapeno tšilli, hakitud
- 1 spl peeneks hakitud piparmünt - koriander või basiilik
- 1 spl valge vermuti äädikat
- meresool ja jahvatatud pipar maitse järgi
- 4 värsket ahi tuunikala pihvi
- tilk oliivi- või kookosõli
- meresool ja värskelt jahvatatud pipar

JUHISED:

a) Viilutage draakonivili pikuti pooleks ja kasutage viljaliha väljavõtmiseks lusikaga ümber välisserva. Lisa väikesesse ettevalmistuskaussi.

b) Lisa hakitud tšilli, šalottsibul või sibul ja äädikas. Sega segamiseks.

c) Maitsesta maitse järgi soola ja pipraga. Kõrvale panema.

d) Kuumuta oma grill või küpsetuspann väga kõrgele kuumusele.

e) Määri tuunikalapihvid kookosõliga. Maitsesta soola ja pipraga.

f) Prae tuunikala mõlemalt poolt, 1-2 minutit mõlemalt poolt.

g) Viiluta tuunikala pihvid.

h) Serveeri helde kulbi salsaga.

29. Grillitud kana draakoniviljasalsaga

KOOSTISOSAD:
- 4 kondita, nahata kanarinda
- 1 draakoni vili, tükeldatud
- 1/2 punast paprikat, tükeldatud
- 1/4 väikest punast sibulat, tükeldatud
- 1 laimi mahl
- 2 spl värsket koriandrit, hakitud
- Sool ja pipar maitse järgi
- Oliiviõli grillimiseks

JUHISED:

Kuumuta grill keskmisel-kõrgel kuumusel.
Maitsesta kanarinnad soola ja pipraga.
Grilli kanarinda umbes 6-8 minutit mõlemalt poolt või kuni need on läbi küpsenud.
Samal ajal sega kausis kuubikuteks lõigatud draakonivili, punane paprika, punane sibul, laimimahl ja koriander.
Maitsesta salsa maitse järgi soola ja pipraga.
Lase salsal umbes 10-15 minutit seista, et maitsed sulaksid.
Kui kana on küps, eemaldage see grillilt ja laske paar minutit puhata.
Tõsta igale grillitud kana rinnale lusikatäis draakonivilja salsat.
Serveeri grillkana enda valitud küljega, näiteks röstitud köögiviljade või riisiga.

30. Dragon Fruit täidisega Portobello seened

KOOSTISOSAD:
- 4 suurt Portobello seeni
- 1 draakoni vili, kooritud ja kuubikuteks lõigatud
- 1 tass keedetud kinoat või riisi
- 1/4 tassi murendatud fetajuustu
- 2 spl hakitud värsket basiilikut
- 2 spl balsamico glasuuri
- Sool ja pipar maitse järgi

JUHISED:
Kuumuta ahi temperatuurini 375 °F (190 °C).
Eemaldage Portobello seentelt varred ja puhastage need.
Sega kausis kuubikuteks lõigatud draakonivili, keedetud kinoa või riis, murendatud fetajuust, hakitud värske basiilik, balsamico glasuur, sool ja pipar.
Sega hästi, kuni kõik koostisosad on ühendatud.
Täitke iga Portobello seeni draakoni puuviljaseguga.
Aseta täidetud seened küpsetuspaberiga kaetud ahjuplaadile.
Küpseta eelkuumutatud ahjus 20-25 minutit või kuni seened on pehmed ja täidis läbi kuumenenud.
Serveerige täidetud Portobello seeni maitsva ja rahuldava pearoana.

SUPID JA KARRIID

31. Draakonipuu ja tofu karri

KOOSTISOSAD:
- 1 draakoni vili
- 1 plokk eriti kõva tofu, nõruta ja kuubikuteks lõigatud
- 1 punane paprika, viilutatud
- 1 kollane sibul, viilutatud
- 2 küüslauguküünt, hakitud
- 1 purk kookospiima
- 2 spl punast karripastat
- 2 spl taimeõli
- Sool ja pipar maitse järgi

JUHISED:
a) Lõika draakonivili pooleks ja eemalda viljaliha.
b) Kuumutage suures potis või Hollandi ahjus taimeõli keskmisel-kõrgel kuumusel.
c) Lisa tofu ja prae segades 2-3 minutit või kuni see on kergelt pruunistunud.
d) Lisage paprika, sibul ja küüslauk ning prae segades veel 2-3 minutit või kuni köögiviljad on veidi pehmenenud.
e) Lisa kookospiim, punane karripasta, sool ja pipar ning sega ühtlaseks.
f) Voldi sisse draakonivili
g) Hauta karrit 10-15 minutit või kuni köögiviljad on sinu maitse järgi küpsenud ja kaste paksenenud.
h) Serveeri kuumalt riisi või naanileivaga.

32. Pink Blossom värske puuviljasupp

KOOSTISOSAD:
- 2 õuna, lõigatud kuubikuteks, leotatud soolases vees
- 2 apelsini, kuubikuteks
- 125 grammi maasikaid
- 1 purki puuviljakokteil
- 1 seemneteta soursop
- 1 punane draakoni vili, kuubikuteks
- 2 spl basiilikuseemneid, leotatud 1 tassis kuumas vees
- 1 liiter madala rasvasisaldusega piima
- 80 ml kondenspiima
- 1 tl banaaniessentsi

LIHTNE SIIRUP:
- 250 grammi suhkrut
- 250 ml vett
- 1 kauss jääkuubikuid

JUHISED:
a) Valmistage kõik puuviljad ette, valage need kõik ühte suurde kaussi.

b) Lisage oma puuviljakaussi puuviljakokteil ilma siirupita, basiilikuseemnete, piima, kondenspiima, banaaniessentsi ja lihtsa siirupita.

c) Lisage mõned jääkuubikud, et muuta see vähem paksuks ja muuta see jahedamaks.

d) Pange see jahutisse umbes 1–2 tundi enne serveerimist.

33. Kookospähkli mango Pitaya saago supp

KOOSTISOSAD:
- ¼ tassi väikest tapiokkpärli
- 2 küpset mangot kooritud ja kuubikuteks lõigatud
- 400 ml kookospiima täisrasvast
- 400 ml vett
- 1 punane draakoni vili kuubikuteks ja nii palju kui soovid
- 50 g Hiina kivisuhkrut

JUHISED:
a) Kuumuta keskmise suurusega potis kõrgele kuumusele seatud veega keema. Segage keemiseni vett õrnalt ja valage järk-järgult segades tapiokk sisse.
b) Seejärel alandage kuumust keskmisele kuumusele. Keeda tapiokki kaaneta 25 minutit.
c) Seejärel puhka 5–7 minutit kuumas vees ilma kuumuseta, kuni see on selge ja läbipaistev. Kurna kohe sõelal ja loputa külma vee all.
d) Jäta pärlid sõelale külma vee alla kastma ja tõsta kõrvale.
e) Teise potti lisa kookospiim koos vee ja hiina kivisuhkruga. Keeda 5 minutit, kuni suhkur on aeg-ajalt segades täielikult lahustunud. Ärge katke seda. Saate teada, kui te enam suhkrut ei näe ega kuule, kuidas see potis ragiseb.
f) Lülitage kuumus välja ja laske sellel külmkapis või sügavkülmas jahtuda.
g) Jagage kuubikuteks lõigatud puuviljad ja kurnatud tapiokk oma serveerimiskaussidesse. Vala peale jahtunud kookospiim ja serveeri külmalt.
h) Nautige!

34. Dragon Fruit Curry

KOOSTISOSAD:
- 1 draakoni vili, kooritud ja kuubikuteks lõigatud
- 1 tass kookospiima
- 1 tass köögiviljapuljongit
- 1 spl punast karripastat
- 1 supilusikatäis kalakastet (valikuline mitte-taimetoitlase jaoks)
- 1 spl pruuni suhkrut
- 1 punane paprika, viilutatud
- 1 väike sibul, viilutatud
- 1 tass köögiviljasegu (nt brokkoli õisikud, lumeherned ja porgandid)
- Kaunistuseks värske koriander
- Serveerimiseks keedetud riis

JUHISED:
Kuumuta suurel pannil või wokis keskmisel kuumusel veidi õli.
Lisa pannile punane karripasta ja prae segades minut aega, kuni see lõhnab.
Vala sisse kookospiim ja köögiviljapuljong. Sega segamiseks.
Lisa kalakaste (kui kasutad) ja fariinsuhkur. Sega, kuni suhkur on lahustunud.
Lisa pannile viilutatud paprika, sibul ja köögiviljasegud. Prae segades paar minutit, kuni köögiviljad hakkavad pehmenema.
Lisage õrnalt pannile draakoni puuviljakuubikud ja segage, et need kataks karrikastmega.
Kata pann kaanega ja hauta umbes 5–7 minutit või kuni köögiviljad on soovitud pehmeks küpsenud.
Vajadusel reguleeri maitsestamist.
Serveeri draakonivilja karrit keedetud riisiga.
Kaunista värske koriandriga.

SALATID

35. Ploomiveiniga infundeeritud draakoni puuviljasalat

KOOSTISOSAD:

- 2 valget draakoni vilja
- 2½ tassi ploomivein
- 1 punni mustikad
- 300 g musti viinamarju, seemneteta
- 2 laimi
- 2 tl tuhksuhkrut

JUHISED:
SALAT

a) Lõika draakonivili pikuti pooleks. Kasutades melonipalli väiksemat otsa, kerige nii palju draakoni viljapalle, kui saate. Asetage pallidega draakonivili purki või kaussi ja valage draakoniviljadele ploomivein, kuni see on täielikult vee all. Aseta vähemalt ööpäevaks külmkappi. Nõruta ja tõsta kõrvale.

b) Peske mustikad, kuivatage ja asetage kõrvale.

c) Lõika seemneteta mustad viinamarjad pooleks või kolmandikuks, kui need on üsna suured. Kõrvale panema.

d) Koori 2 laimi. Sega laimikoor tuhksuhkruga.

KOOSTAMINE

e) Sega keskmise suurusega segamiskausis õrnalt draakonipuuvili, mustikad ja mustad viinamarjad.

f) Tõsta puuviljasalat serveerimistaldrikule.

g) Puista ohtralt laimikoore ja suhkruseguga.

h) Serveeri kohe.

36. Eksootiline puuviljasalat

KOOSTISOSAD:
- 2 küpset mangot, papaiat või
- 6 kiivit, kooritud ja tükeldatud
- 2 banaani, kooritud ja tükeldatud
- 2 supilusikatäit kondiitri suhkrut
- 2 supilusikatäit sidrunimahla või mett
- ½ tl vaniljeekstrakti
- ¼ tl jahvatatud Hiina 5-vürtsi pulbrit
- ½ vaarikaid
- 1 draakoni vili, kuubikuteks
- Kondiitrite suhkur
- Mündi lehed

JUHISED:
a) Vahusta suhkur, sidrunimahl või mesi, vanill ja Hiina 5-vürtsi pulber.
b) Viska sisse kõik puuviljad.
c) Puista üle kondiitri suhkruga ja kaunista piparmündilehtedega.

37. Draakoni puuvilja-õunasalat

KOOSTISOSAD:

1 draakoni vili
2 õuna, tükeldatud
1 tass segatud salatirohelist
1/4 tassi hakitud kreeka pähkleid
2 spl sidrunimahla
1 spl mett
Sool ja pipar maitse järgi

JUHISED:

Lõika draakonivili pooleks ja eemalda viljaliha.

Sega suures kausis draakoni viljaliha, tükeldatud õunad, segatud salatirohelised ja hakitud kreeka pähklid.

Vahusta väikeses kausis sidrunimahl, mesi, sool ja pipar.

Vala kaste salatile ja sega ühtlaseks.

Serveeri jahutatult.

38. Draakoni puuviljasalat tadžiniga

KOOSTISOSAD:

2 tassi draakoni puuvilja kuubikuid
1 kurk, tükeldatud
1 laim, mahl
Tadžini maitseaine maitse järgi
Värsked koriandrilehed kaunistuseks

JUHISED:

Sega kausis kokku draakonivilja kuubikud ja kuubikuteks lõigatud kurk.

Pigista puuviljadele laimimahl ja sega ühtlaseks.

Puista salatile maitse järgi Tajini maitseainet.

Kaunista värskete koriandrilehtedega.

Serveeri jahutatult.

39. Draakoni puuviljade ja avokaado salat grillitud krevettidega

KOOSTISOSAD:

1 draakoni vili, kuubikuteks
2 küpset avokaadot, viilutatud
1 nael suuri krevette või krevette, kooritud ja tükeldatud
Segatud salatiroheline
2 spl oliiviõli
1 sidruni mahl
Sool ja pipar maitse järgi

JUHISED:

Kuumuta grill keskmisel-kõrgel kuumusel.
Viska kausis krevetid oliiviõli, sidrunimahla, soola ja pipraga.
Grilli krevette umbes 2-3 minutit mõlemalt poolt või kuni need on küpsed. Kõrvale panema.
Sega suures salatikausis omavahel segatud salatirohelised, draakonipuu kuubikud ja viilutatud avokaadod.
Nirista peale oliiviõli ja sidrunimahla.
Maitsesta soola ja pipraga maitse järgi.
Segage salat õrnalt, et kõik koostisosad seguneksid.
Jaga salat taldrikutele ja tõsta peale grillkrevetid.
Serveeri salatit värskendava ja kerge pearoana.

40. Draakoni puuviljade ja kiivi salat

KOOSTISOSAD:
- 1 draakonivili pooleks lõigatud, kühvliga välja võetud ja kuubikuteks lõigatud
- 1 kiivi, kooritud ja viilutatud
- ½ tassi mustikaid
- ½ tassi vaarikaid
- ½ tassi maasikaid

JUHISED:

a) Koorige draakoni viljaliha lusikaga ettevaatlikult välja, jättes koore serveerimiskausina kasutamiseks puutumata.
b) Tükelda draakonivili, kiivid ja maasikad.
c) Sega ja aseta kaussina tagasi pitaya koore sisse.

41. Draakoni puuviljasalat ingveri-laimi kastmega

KOOSTISOSAD:
SALATI JAOKS
- 2 draakoni vilja
- 1 papaia
- 2 kiivi
- 1 punni mustikad
- 1 punnet maasikat

RIIDEMISEKS
- ½ tassi laimimahla (värskelt pressitud)
- 2 supilusikatäit ingverit (värskelt riivitud)
- 2 supilusikatäit pruuni suhkrut

JUHISED:
a) Pese draakonivili ja lõika pikuti pooleks, minu meelest on lihtsam kasutada suure lusikaga viljaliha suure lusikaga välja kühveldada, aga võid ka õrnalt viljaliha küljest ära võtta. Asetage draakonivili lõikelauale esikülg allapoole ja lõigake see hammustuse suurusteks kuubikuteks.

b) Peske papaia ja koorige köögiviljakoorijaga, lõigake see pikuti pooleks, seejärel eemaldage seemned lusikaga ja loputage, et eemaldada kõik seemned. Asetage lõikelaud näoga allapoole ja lõigake hammustuse suurusteks kuubikuteks.

c) Peske ja koorige kiivid, tükeldage pikuti neljaks ja lõigake hammustuse suurusteks tükkideks.

d) Asetage maasikad kurn ja loputage hästi õrnalt jooksva külma vee all, et neid mitte kahjustada. Maasikad imavad vett kergesti, mistõttu on parem neid pesta ja seejärel koorida.

e) Koputage õrnalt kurna põhja kraanikaussi, et vesi saaks välja voolata, ja kuivatage. Koorige marjad ja lõigake need pooleks või neljaks, olenevalt nende suurusest.

f) Aseta mustikad eraldi kurn ja loputa hästi õrnalt jooksva külma vee all. Koputage kurn ja kuivatage.

g) Asetage kõik kastme koostisosad klaaskinnitusega anumasse ja loksutage hästi, et need seguneksid.

h) Maitse ja kohanda oma maitse järgi. Kui eelistate midagi veidi magusamat, siis lisage veel suhkrut, mett või vahtrasiirupit.

i) Asetage puuviljad, marjad ja kaste suurde segamisnõusse ning segage hästi. Laota salatikaussi ja serveeri kookosjogurti või jäätisega.

42. Draakoni puuviljade ja kinoa salat

KOOSTISOSAD:
- 1 draakoni vili
- 2 tassi keedetud kinoat
- ½ tassi murendatud fetajuustu
- ½ tassi hakitud kurki
- ½ tassi tükeldatud kirsstomateid
- 2 spl hakitud värsket piparmünti
- 2 spl oliiviõli
- 1 spl mett
- Sool ja pipar maitse järgi

JUHISED:
a) Lõika draakonivili pooleks ja eemalda viljaliha.
b) Segage suures kausis kinoa, fetajuust, kurk, kirsstomatid ja piparmünt.
c) Vahusta eraldi kausis oliiviõli, mesi, sool ja pipar.
d) Voldi kaste kinoa segusse, kuni see on hästi segunenud.
e) Voldi sisse draakoni viljaliha.
f) Serveeri jahutatult salati- või segarohelisepeenral.

43. Draakoni puuviljade ja vereapelsini salat

KOOSTISOSAD:
2 tassi segatud salatirohelist
1 draakoni vili, kuubikuteks
2 vereapelsini, segmenteeritud
¼ tassi murendatud fetajuustu
2 spl röstitud seedermänni pähkleid
2 spl palsamiäädikat
2 spl oliiviõli
Sool ja pipar maitse järgi

JUHISED:
Sega suures kausis segatud salatirohelised, draakonivilja kuubikud, veriapelsini lõigud, murendatud fetajuust ja röstitud piiniaseemned.

Klopi eraldi väikeses kausis kokku palsamiäädikas, oliiviõli, sool ja pipar.

Nirista kaste salatile ja sega kokku.

Serveeri kohe.

44. Ploomiveiniga infundeeritud draakoni puuviljasalat

KOOSTISOSAD:

2 tassi draakoni puuvilja kuubikuid
2 ploomi, viilutatud
¼ tassi ploomiveini
2 spl mett või vahtrasiirupit
Kaunistuseks värsked piparmündilehed
JUHISED:

Sega kausis kokku draakonivilja kuubikud ja viilutatud ploomid.

Klopi eraldi kausis kokku ploomivein ja mesi või vahtrasiirup.

Valage ploomiveinisegu puuviljadele ja segage õrnalt.

Lase salatil vähemalt 30 minutit külmkapis marineerida.

Enne serveerimist kaunista värskete piparmündilehtedega.

45. Draakoni puuvilja- ja krabisalat

KOOSTISOSAD:
- 1 draakoni vili, tükeldatud
- ½ naela tükk krabiliha
- ¼ tassi majoneesi
- ¼ tassi kreeka jogurtit
- 2 spl hakitud murulauku
- 1 spl sidrunimahla
- Sool ja pipar maitse järgi

JUHISED:
a) Sega keskmises kausis majonees, kreeka jogurt, murulauk, sidrunimahl, sool ja pipar.
b) Voldi õrnalt sisse kuubikuteks lõigatud draakonivili ja tükikesed krabiliha.
c) Enne serveerimist jahuta vähemalt 30 minutit.

46. Draakonipuu waldorfsalat

KOOSTISOSAD:

- 1 tk draakonivili küps, kuubikuteks lõigatud
- 1 tükk roheline õun kuubikuteks lõigatud
- 1 tükk punast õuna kuubikuteks lõigatud
- ½ tassi pooleks lõigatud punaseid viinamarju
- ¼ tassi koriandrit hakitud
- ⅓ tassi Kreeka jogurtit
- 2 spl munavaba majoneesi
- 1 tl laimimahla
- 2 teelusikatäit mett
- ½ tl soola
- ½ tl riivitud ingverit
- 2 spl hakitud mandleid
- 2 spl india pähkleid hakitud
- 1 spl hakitud kreeka pähkleid
- 5-6 lehte salatit

JUHISED:

a) Võtke kaussi kuubikuteks lõigatud draakonivili, punane õun ja roheline õun.

b) Teises väikeses kausis vahustage jogurt, mesi, majonees, sool, ingver ja laimimahl.

c) Valage valmistatud kaste kuubikuteks lõigatud puuviljadele.

d) Järgmisena lisage viinamarjad, hakitud mandlid, india pähklid, kreeka pähklid ja koriander.

e) Viska kokku, veendudes, et kaste kataks puuviljad hästi.

f) Pane salat vähemalt 30 minutiks külmkappi. Serveeri külmalt salatipeenral

MAGUSTOIT

47. Goji, pistaatsia ja sidruni tort

KOOSTISOSAD:
TOOR VEGAN PISTAATSIAPÜKOKORVI KOHTA:
- 1½ tassi mandlijahu või mandlijahu
- ½ tassi pistaatsiapähklid
- 3 kuupäeva
- 1½ supilusikatäit kookosõli
- ½ tl jahvatatud kardemoni pulbrit
- ⅛ teelusikatäis soola

TÄITMINE:
- 1½ tassi kookoskoort
- 1 tass sidrunimahla
- 1 spl maisitärklist
- 2 tl agar-agarit
- ¼ tassi vahtrasiirupit
- ½ tl jahvatatud kurkumipulbrit
- 1 tl vaniljeekstrakti
- ½ tl goji ekstrakti

TÄIDISED:
- peotäis goji marju
- Draakoni puuvili
- söödavad lilled
- šokolaadi südamed

JUHISED:
TART SHELL
a) Blenderda mandlijahu ja pistaatsiapähklid köögikombainis/blenderis peeneks puruks.
b) Lisa ülejäänud koore koostisosad ja sega korralikult, kuni saad ühtlase kleepuva segu.
c) Lisa tainas koogivormi ja jaota see ühtlaselt alusele.
d) Pane täidise valmistamise ajaks külmkappi tahenema.

TÄITMINE
e) Kuumuta kookoskoor keskmises kastrulis segades hästi ühtlaseks ja ühtlaseks.
f) Lisa ülejäänud täidise koostisosad, sealhulgas maisitärklis ja agar-agar.
g) Kuumutage pidevalt segades keemiseni ja keetke paar minutit, kuni see hakkab paksenema.
h) Kui segu pakseneb, tõsta see tulelt ja lase 10-15 minutit jahtuda.
i) Seejärel valage koorik peale ja laske täielikult jahtuda.
j) Pane vähemalt paariks tunniks külmkappi, kuni täidis on täielikult tahenenud.
k) Kaunista goji marjade, draakonipuuviljapallide ja söödavate lilledega või oma lemmiklisanditega.

48. Draakoni puuviljajogurti parfee

KOOSTISOSAD:
- 1 draakonipuu punane viljaliha, kooritud
- 1 draakonivili valge viljaliha, kooritud
- 1 banaan kooritud
- 1 spl mett
- 2 tassi tavalist jogurtit või teie valitud jogurtit
- granola maitse järgi
- mustikad maitse järgi

JUHISED:

a) Sega draakonivili (punane viljaliha), pool draakonivili (valge viljaliha), banaan, mesi ja 1 tass jogurtit ühtlaseks massiks.

b) Ülejäänud poole valge viljalihaga draakoniviljast lõika melonipalliga viljaliha pallideks. Kõrvale panema.

c) Täida tassid ülejäänud jogurtiga (umbes ⅓ tassi kõrgusest). Lisa jogurt segatud seguga.

d) Kaunista mustikate, granola ja draakoni viljapallidega (valge viljaliha).

49. Dragon Fruit Popsicles

KOOSTISOSAD:
- 3 tassi draakonivilju külmutatud või värskelt
- 1 tass vaarikad külmutatud või värsked
- 2 apelsini, mahl
- 1 laim, mahl
- ½ tassi kookosvett
- ½ tassi suhkrut või suhkrusiirupit (valikuline).

JUHISED:
a) Kombineerige kõik koostisosad segistis kuni täieliku segunemiseni. Soovitud konsistentsi saamiseks lisa vajadusel veel kookosvett. Soovi korral lisage soovitud magususe saavutamiseks kuni ½ tassi suhkrut.
b) Vala draakoniviljade segu popsivormi ja lisa puidust popsipulgad. Külmutage 4-6 tundi või kuni täieliku külmumiseni.
c) Eemaldage popsikesed vormist ja nautige!

50. Dragon Fruit Sorbett

KOOSTISOSAD:
- 2 draakoni vilja
- ¼ tassi mett
- ¼ tassi vett
- 1 laimi mahl

JUHISED:

a) Lõika draakoni viljad pooleks ja eemalda viljaliha.

b) Püreesta draakoni viljaliha blenderis või köögikombainis ühtlaseks massiks.

c) Kuumuta väikeses potis mesi ja vesi keskmisel kuumusel segades kuni mesi on lahustunud.

d) Lisage mee segu ja laimimahl draakoni puuviljapüreele ning segage, kuni see on hästi segunenud.

e) Vala segu jäätisemasinasse ja klopi vastavalt tootja juhistele.

f) Tõsta sorbett anumasse ja pane enne serveerimist vähemalt 1 tunniks sügavkülma.

51. Draakoniviljadest šifoonist koogikesi

KOOSTISOSAD:
- 3 munakollast
- 25 g tuhksuhkrut
- 70g Draakoni puuviljapüree
- 40 g maisiõli
- ¼ teelusikatäit vaniljeekstrakti
- 55g Isekerkiv jahu
- 2 spl maisijahu
- 3 Munavalge
- ⅛ teelusikatäis hambakivikreemi
- 60 g tuhksuhkrut

JUHISED:
a) Vahusta munakollased ja suhkur heledaks ja kohevaks vahuks. Vahusta draakoni puuviljapüree, maisiõli ja vaniljeekstrakt. Sega kerge segamini isekerkiv jahu ja maisijahu.
b) Vahusta eraldi puhtas kausis munavalged, viinakoor ja tuhksuhkur kohevaks ja kõvaks vahuks. Sega munakollasesegu ettevaatlikult vahustatud munavalge hulka, kuni see on hästi segunenud.
c) Tõsta tainas lusikaga koogivoodritesse. Õhumullide vabastamiseks koputage koogivooderdusi kergelt.
d) Küpseta eelkuumutatud ahjus 170C juures 10 minutit, seejärel alanda temperatuuri 160C-ni ja küpseta veel 20-25 minutit või kuni koogi sisse torgatud varras tuleb puhtana välja.
e) Võta ahjust välja ja keera kook kohe ümber.
f) Jätke segamata, kuni see on täielikult jahtunud.

52. Vaarika ja draakoniviljade vahukook

KOOSTISOSAD:
VAHUKOOKIDE JAOKS:
- 1 tass tooreid india pähkleid, leotatud üleöö
- 4,2 untsi draakoni vilja
- ½ tassi vaarikaid
- 5 spl kookoskoort
- 3 spl ekstra neitsi kookosõli, sulatatud
- 2 spl agaavinektarit
- ½ tl vaniljeessentsi
- 1 spl sidrunimahla
- Näputäis Himaalaja soola

ŠOKOLAADI Kastme jaoks:
- ⅓ tassi vegan šokolaaditükke
- 2 tl ekstra neitsi kookosõli

JUHISED:
VAHUKOOKIDE VALMISTAMISEKS:
a) Nõruta leotatud india pähklid ja loputa hoolikalt.
b) Sega kõik koostisained peale kookosõli kiirköögikombainis korralikult läbi. Blenderda, kuni see on ühtlane. Lisa sulatatud kookosõli. Segage ja segage uuesti, kuni see on hästi segunenud.
c) Vala segu muffinivormidesse. Pane 3 tunniks sügavkülma tahenema.

ŠOKOLAADI Kastme VALMISTAMISEKS:
d) Sulata topeltboileri abil šokolaaditükid.
e) Lisa kookosõli ja sega vispliga korralikult läbi. Oodake mõni minut, kuni šokolaad hakkab paksenema.
f) Nirista üks supilusikatäis šokolaadikastet igale jahutatud koogile.

53. Draakoni puuviljaželeed

KOOSTISOSAD:
- 6 tassi vett
- 2 supilusikatäit agar-agari pulbrit
- 200 g toores mett
- 1 tass draakoni puuviljapüreed
- 3 Pandani lehte – seotud sõlme (valikuline)

JUHISED:

a) Lisage agar-agaripulber 1 tassi (250 ml) veega keskmisesse potti ja segage hästi, kuni see on hästi segunenud. Lisa tasakaal vett ja pandanilehti ning lase keema tõusta. Veenduge, et pulber on täielikult lahustunud. Lülitage tuli välja ja eemaldage pandani lehed.

b) Lisage koostisosade tasakaal ja segage hästi.

c) Vala vormi või (20cm x 20cm) alusele. Kui see on jahtunud, jahutage külmkapis 30 minutit.

d) Vormist vabastamiseks jookse võinoaga ümber servade ja pigista õrnalt vormi, et agar-agar vabaneks. Mahutites oleva agari jaoks lõigake need võinoaga ruudu- või ristkülikukujulisteks vormideks.

54. Draakoniviljadest valmistatud guajaav

KOOSTISOSAD:

1 tass draakoni puuviljapüreed
½ tassi guajaavimahla
¼ tassi vett
2 spl mett või vahtrasiirupit
Popsikli vormid
Popsikli pulgad

JUHISED:

Sega segistis draakoni puuviljapüree, guajaavimahl, vesi ja mesi või vahtrasiirup. Blenderda, kuni see on hästi segunenud.
Vala segu popsivormidesse.
Pista paprikapulgad vormidesse.
Külmutage vähemalt 4-6 tundi või kuni see on täielikult külmunud.
Popsikapslite vormidest eemaldamiseks laske vorme paar sekundit sooja vee all lasta.
Serveeri külmutatult.

55. Vaarika-draakoniviljadest valmistatud popsicles

KOOSTISOSAD:

1 tass draakoni puuviljapüreed
1 tass vaarikapüreed
¼ tassi vett
2 spl mett või vahtrasiirupit
Popsikli vormid
Popsikli pulgad

JUHISED:

Sega segistis draakoniviljapüree, vaarikapüree, vesi ja mesi või vahtrasiirup. Blenderda, kuni see on hästi segunenud.
Vala segu popsivormidesse.
Pista paprikapulgad vormidesse.
Külmutage vähemalt 4-6 tundi või kuni see on täielikult külmunud.
Popsikapslite vormidest eemaldamiseks laske vorme paar sekundit sooja vee all lasta.
Serveeri külmutatult.

56. Roosa draakoni puuviljakihi kook

KOOSTISOSAD:
2 ½ tassi universaalset jahu
2 ½ teelusikatäit küpsetuspulbrit
½ tl soola
1 tass soolata võid, pehmendatud
2 tassi suhkrut
4 suurt muna
1 tl vaniljeekstrakti
1 tass piima
½ tassi draakoni puuviljapüreed
Roosa toiduvärv (valikuline)
Võikreemi glasuur
Kaunistuseks draakoni puuviljaviilud

JUHISED:
Kuumuta ahi temperatuurini 350 °F (175 °C). Määri ja jahu kolm 8-tollist koogivormi.
Vahusta segamiskausis jahu, küpsetuspulber ja sool.
Vahusta eraldi kausis või ja suhkur heledaks ja kohevaks vahuks.
Klopi ükshaaval sisse munad, seejärel vaniljeekstrakt.
Lisa märgade koostisosade hulka järk-järgult jahusegu, vaheldumisi piimaga. Sega, kuni see on lihtsalt segunenud.
Jaga taigen ühtlaselt kolmeks osaks. Jäta üks portsjon puhtaks, teise portsjonisse sega roosa toiduvärv ja kolmandasse portsjonisse draakoniviljapüree.
Vala iga portsjon taignast eraldi koogivormi.
Küpseta 20-25 minutit või kuni keskele torgatud hambaork tuleb puhtana välja.
Eemaldage ahjust ja laske koogidel 10 minutit vormides jahtuda, enne kui asetate need restile täielikult jahtuma.
Kui koogid on jahtunud, asetage need iga kihi vahele võikreemiga.
Määri koogi pealt ja küljed ülejäänud võikreemiga.
Kaunista draakoni viljaviiludega.
Viiluta ja serveeri.

57. Dragon Fruit Toped Tart

KOOSTISOSAD::
TARTKOORIKU KOHTA:
- 1 1/2 tassi universaalset jahu
- 1/4 tassi granuleeritud suhkrut
- 1/2 teelusikatäit soola
- 1/2 tassi soolata võid, külm ja kuubikuteks lõigatud
- 1 suur munakollane
- 2 supilusikatäit jäävett

TÄIDISEKS:
- 8 untsi toorjuustu, pehmendatud
- 1/4 tassi tuhksuhkrut
- 1 tl vaniljeekstrakti

TOPPING:
- 2 tassi draakoni vilja, kuubikutena
- Värsked piparmündilehed kaunistuseks (valikuline)

JUHISED:
a) Kuumuta ahi temperatuurini 375 °F (190 °C).
b) Sega köögikombainis jahu, granuleeritud suhkur ja sool. Pulse paar korda segamiseks.
c) Lisa külm kuubikvõi ja puljongi, kuni segu meenutab jämedat puru.
d) Vahusta väikeses kausis munakollane ja jäävesi.
e) Kalla munakollasesegu aeglaselt pulseerides köögikombaini, kuni tainas kokku tuleb.
f) Tõsta tainas kergelt jahusele pinnale ja sõtku seda paar korda, et see kokku läheks.
g) Rulli tainas lahti, et see mahuks hapuvormi ja tõsta see pannile, surudes põhja ja külgedele üles.
h) Lõika üleliigne tainas servadest ära.
i) Torka kahvliga koore põhi, et see küpsemise ajal üles ei paisuks.
j) Aseta koogipann umbes 15 minutiks külmkappi jahtuma.
k) Küpseta kooki eelsoojendatud ahjus 15-18 minutit või kuni see on kuldpruun.
l) Eemaldage ahjust ja laske täielikult jahtuda.
m) Vahusta segamisnõus pehme toorjuust, tuhksuhkur ja vaniljeekstrakt ühtlaseks ja kreemjaks vahuks.
n) Määri toorjuustutäidis ühtlaselt jahtunud hapukoore peale.
o) Laota kuubikuteks lõigatud draakonivili täidise peale, luues dekoratiivse mustri.
p) Soovi korral kaunista värskete piparmündilehtedega.
q) Tõsta tort enne serveerimist vähemalt 1 tunniks külmkappi, et maitsed sulaksid ja täidis hanguks.
r) Tükelda ja serveeri jahtunult.

58. Võimatu Dragon Fruit Pie

KOOSTISOSAD:

1 tass draakoni puuviljapüreed
½ tassi universaalset jahu
1 ½ tassi piima
¾ tassi suhkrut
4 muna
1 tl vaniljeekstrakti
½ tl soola
Katteks vahukoor

JUHISED:

Kuumuta ahi temperatuurini 350 °F (175 °C). Määri 9-tolline pirukavorm.

Vahusta segamiskausis draakoniviljapüree, jahu, piim, suhkur, munad, vaniljeekstrakt ja sool, kuni see on hästi segunenud.

Vala segu võiga määritud pirukavormi.

Küpseta 45-50 minutit või kuni pirukas on tahenenud ja keskele torgatud hambaork tuleb puhtana välja.

Eemaldage ahjust ja laske täielikult jahtuda.

Kui see on jahtunud, hoia enne serveerimist vähemalt 2 tundi külmkapis.

Enne serveerimist kalla pealt vahukoorega.

59. Tort Dragon Fruit võikreemiga

KOOSTISOSAD:
TOOGI JAOKS:
2 ½ tassi universaalset jahu
2 ½ teelusikatäit küpsetuspulbrit
½ tl soola
1 tass soolata võid, pehmendatud
2 tassi suhkrut
4 suurt muna
1 tl vaniljeekstrakti
1 tass piima
½ tassi draakoni puuviljapüreed
Roosa toiduvärv (valikuline)
VÕIKREEEMI JAOKS:
1 tass soolata võid, pehmendatud
4 tassi tuhksuhkrut
1 tl vaniljeekstrakti
2-3 spl draakoni puuviljapüreed
Roosa toiduvärv (valikuline)

JUHISED:
Kuumuta ahi temperatuurini 350 °F (175 °C). Määri ja jahu kaks 9-tollist koogivormi.
Vahusta segamiskausis jahu, küpsetuspulber ja sool.
Vahusta eraldi kausis või ja suhkur heledaks ja kohevaks vahuks.
Klopi ükshaaval sisse munad, seejärel vaniljeekstrakt.
Lisa märgade koostisosade hulka järk-järgult jahusegu, vaheldumisi piimaga. Sega, kuni see on lihtsalt segunenud.
Jaga taigen ühtlaselt ettevalmistatud koogivormidesse.
Küpseta 25-30 minutit või kuni keskele torgatud hambaork tuleb puhtana välja.
Eemaldage ahjust ja laske koogidel 10 minutit vormides jahtuda, enne kui asetate need restile täielikult jahtuma.
Vahusta eraldi segamisnõus pehme või, tuhksuhkur, vaniljeekstrakt ja draakoni puuviljapüree ühtlaseks ja kreemjaks. Soovi korral lisa roosat toiduvärvi.
Kui koogid on jahtunud, määrige need draakonivilja võikreemiga.
Viiluta ja serveeri.

60. Dragon Fruit Barfi

KOOSTISOSAD:
- 2 tassi draakoni puuviljapüreed
- 1 tass kondenspiima
- 1 tass piimapulbrit
- 1/2 tassi ghee (selgitatud või)
- Kaunistuseks hakitud pistaatsiapähklid ja mandlid

JUHISED:

Mittenakkuval pannil kuumuta ghee tasasel tulel.
Lisa draakoni puuviljapüree ja kuumuta pidevalt segades, kuni see veidi pakseneb.
Lisa pannile kondenspiim ja piimapulber. Sega hästi.
Keeda segu madalal kuumusel pidevalt segades, kuni see pakseneb ja hakkab panni külgedelt lahkuma.
Eemaldage tulelt ja laske sellel paar minutit jahtuda.
Määri plaat või ahjuvorm gheega.
Tõsta segu määritud plaadile ja aja ühtlaselt laiali.
Kaunista hakitud pistaatsiapähklite ja mandlitega, suru need kergelt segu sisse.
Lase täielikult jahtuda ja seejärel paariks tunniks külmkappi tahenema.
Lõika tükkideks ja serveeri.

61. Dragon Fruit Tapiokipuding

KOOSTISOSAD:
- 1/2 tassi väikseid tapiokkpärleid
- 2 tassi vett
- 1 tass draakoni puuviljapüreed
- 1/2 tassi suhkrut
- 1/2 tassi kookospiima
- Kaunistuseks viilutatud draakonivili

JUHISED:

Aja kastrulis vesi keema.
Lisa keeduvette tapiokkpärlid ja keeda aeg-ajalt segades umbes 15 minutit, kuni pärlid on läbipaistvad.
Nõruta keedetud tapiokkpärlid ja loputa külma vee all.
Segage eraldi kastrulis draakoni puuviljapüree, suhkur ja kookospiim.
Kuumuta keskmisel kuumusel, kuni segu hakkab podisema.
Lisa keedetud tapiokkpärlid draakoni puuviljasegule ja sega korralikult läbi.
Küpseta veel 2-3 minutit, kuni see on läbi kuumenenud.
Eemaldage kuumusest ja laske veidi jahtuda.
Tõsta puding serveerimiskaussidesse või klaasidesse.
Kaunista viilutatud draakoniviljadega.
Serveeri soojalt või jahutatult.

62. Dragon Fruit Firni

KOOSTISOSAD:
- 1 tass draakoni puuviljapüreed
- 4 tassi piima
- 1/2 tassi riisijahu
- 1/2 tassi suhkrut
- 1/4 tl kardemoni pulbrit
- Kaunistuseks hakitud pistaatsiapähklid ja mandlid

JUHISED:

Püreesta draakonivili blenderis ühtlaseks.
Kuumuta potis piima keskmisel kuumusel, kuni see hakkab keema.
Eraldi kausis vahusta riisijahu ja veidi vett ühtlaseks pastaks.
Valage riisijahu segu aeglaselt keevasse piima, samal ajal pidevalt segades.
Keeda segu madalal kuumusel pidevalt segades, kuni see pakseneb ja saavutab pudingitaolise konsistentsi.
Lisa suhkur ja kardemonipulber ning sega, kuni see on hästi segunenud.
Eemaldage tulelt ja laske sellel paar minutit jahtuda.
Sega juurde draakoniviljapüree.
Vala firnid serveerimiskaussidesse ning kaunista hakitud pistaatsiapähklite ja mandlitega.
Enne serveerimist hoida külmkapis.

63. Draakonipuuviljakreem besee-sarapuupähklitortidega

KOOSTISOSAD:
BESESE SARAPUUPÄHKLI TARTILE:
- 1 1/2 tassi purustatud Graham kreekerid
- 1/2 tassi sulatatud võid
- 1/2 tassi hakitud sarapuupähkleid
- 1/4 tassi suhkrut
- 3 munavalget
- 1/4 tl koort hambakivi
- 1/2 tassi suhkrut

DRAKONILJAVILJA-KREIDEPEEDI PUHUL:
- 2 tassi draakoni puuviljapüreed
- 1 tass piima
- 1/2 tassi suhkrut
- 1/4 tassi maisitärklist
- 4 munakollast
- 1 tl vaniljeekstrakti

JUHISED:
Kuumuta ahi temperatuurini 350 °F (175 °C).
Segage segamisnõus purustatud grahami kreekerid, sulatatud või, hakitud sarapuupähklid ja 1/4 tassi suhkrut. Sega hästi.
Suru segu koogivormi, moodustades kooriku.
Küpseta koorikut eelsoojendatud ahjus umbes 10 minutit, kuni see on kergelt kuldne. Eemaldage ahjust ja laske jahtuda.
Vahusta munavalged eraldi kausis tartarikoorega, kuni moodustuvad pehmed piigid.
Lisage järk-järgult 1/2 tassi suhkrut, vahustades kuni moodustuvad jäigad tipud.
Määri beseesegu jahtunud hapukoore peale, kattes kindlasti ka ääred.
Küpseta ahjus umbes 20 minutit või kuni besee on kuldpruun. Eemaldage ahjust ja laske jahtuda.
Sega potis draakoni puuviljapüree, piim, suhkur, maisitärklis ja munakollased. Klopi korralikult läbi.
Keeda segu keskmisel kuumusel pidevalt segades, kuni see pakseneb ja keeb.
Tõsta tulelt ja sega hulka vanilliekstrakt.
Vala keedukreem ettevalmistatud hapukoore sisse.
Enne serveerimist lase täielikult jahtuda.

64. Dragon Fruit Coconut Modak

KOOSTISOSAD:

- 1 tass riivitud värsket kookospähklit
- 1/2 tassi kondenspiima
- 1/2 tassi draakoni viljaliha
- 1/2 tassi tuhksuhkrut
- 1 tass riisijahu
- 1/2 tassi vett
- Ghee (selgitatud või) määrimiseks

JUHISED:

Kuumuta pannil keskmisel kuumusel riivitud kookospähkel ja kondenspiim.
Küpseta pidevalt segades, kuni segu pakseneb ja hakkab panni külgedelt lahkuma.
Lisa pannile draakoni viljaliha ja tuhksuhkur. Sega korralikult läbi ja küpseta veel 2-3 minutit.
Eemaldage segu tulelt ja laske jahtuda.
Sega eraldi pannil riisijahu ja vesi ühtlaseks taignaks.
Võtke väike osa tainast ja tasandage see kettakujuliseks.
Aseta ketta keskele lusikatäis draakonivilja kookosesegu.
Voldi ketta servad täidise tihendamiseks kokku ja vormi modak.
Korrake protsessi ülejäänud taigna ja täidisega.
Aurutage modakse aurutisel umbes 10-12 minutit.
Eemaldage aurutist ja laske neil enne serveerimist jahtuda.

65. Draakonivili Kalakand

KOOSTISOSAD:
- 2 tassi riivitud paneerit (India kodujuust)
- 1 tass draakoni viljaliha
- 1/2 tassi kondenspiima
- 1/4 tassi tuhksuhkrut
- 1/4 tl kardemoni pulbrit
- Kaunistuseks hakitud pähklid (nt mandlid või pistaatsiapähklid)

JUHISED:
Mittenakkuval pannil kuumutage riivitud paneer madalal kuumusel.
Lisa pannile draakoni viljaliha, kondenspiim, tuhksuhkur ja kardemonipulber.
Sega korralikult läbi ja küpseta pidevalt segades, kuni segu pakseneb ja hakkab panni külgedelt lahkuma.
Eemaldage kuumusest ja laske veidi jahtuda.
Määri plaat või ahjuvorm gheega.
Tõsta segu määritud plaadile ja aja ühtlaselt laiali.
Kaunista hakitud pähklitega ja suru need kergelt segu sisse.
Lase täielikult jahtuda ja seejärel paariks tunniks külmkappi tahenema.
Lõika tükkideks ja serveeri.

66. Dragon Fruit Jelly või puding

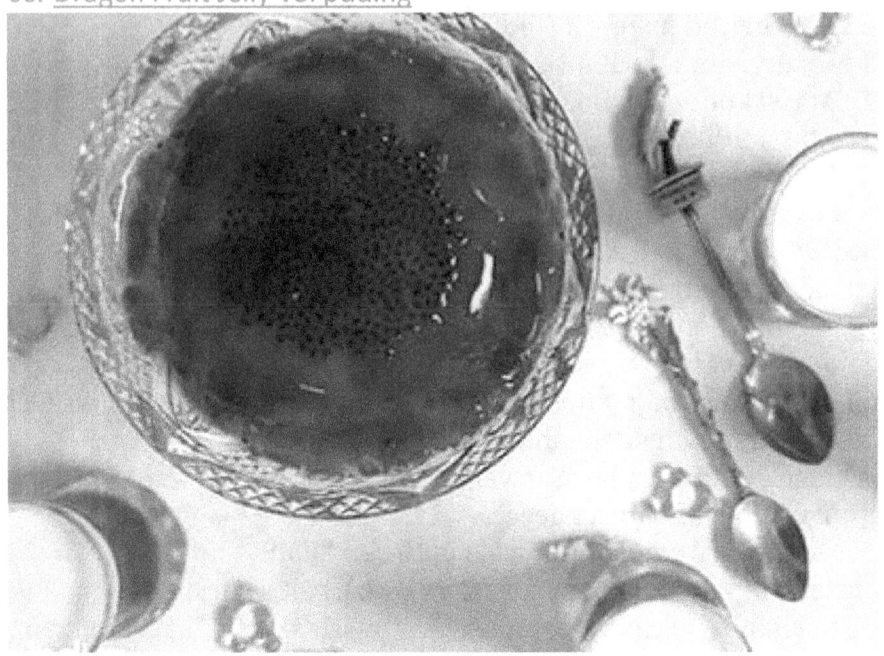

KOOSTISOSAD:
1 Draakoni vili, viljaliha
1 tass vett
1/2 tassi suhkrut
1 spl agar-agari pulbrit
JUHISED:
Püreesta draakoni viljaliha blenderis ühtlaseks massiks.
Sega kastrulis vesi, suhkur ja agar-agari pulber. Sega põhjalikult.
Kuumuta segu keskmisel kuumusel pidevalt segades keemiseni.
Alanda kuumust ja lisa draakoniviljapüree. Sega hästi kokku.
Jätkake küpsetamist veel 2-3 minutit, kuni segu pakseneb.
Vala segu vormidesse või serveerimisklaasidesse.
Laske sellel toatemperatuuril jahtuda, seejärel jahutage, kuni see taheneb.
Serveeri jahutatult.

67. Punase draakoni puuviljapuding

KOOSTISOSAD:
- 1 punane draakoni vili
- 1 tass kookospiima
- 1/4 tassi suhkrut
- 2 spl maisitärklist
- 1/4 tl vaniljeekstrakti
- Värsked piparmündilehed kaunistuseks (valikuline)

JUHISED:

Lõika punane draakonivili pooleks ja eemalda viljaliha.
Püreesta draakoni viljaliha blenderis ühtlaseks massiks.
Sega potis kookospiim, suhkur ja maisitärklis. Vahusta, kuni suhkur ja maisitärklis on lahustunud.
Asetage kastrul keskmisele kuumusele ja keetke pidevalt segades, kuni segu pakseneb.
Eemaldage tulelt ja segage draakoni puuviljapüree ja vaniljeekstrakt.
Vala segu serveerimiskaussidesse või ramekiinidesse.
Laske sellel jahtuda toatemperatuurini, seejärel asetage see külmkappi vähemalt 2 tunniks tahenema.
Enne serveerimist kaunista värskete piparmündilehtedega.

MAITSED

68. Dragon Fruit Salsa

KOOSTISOSAD:
- 1 suur draakoni vili
- 3 spl värsket sidrunimahla
- 1 jalapeno kuubikuteks
- 2 spl kuubikuteks lõigatud murulauku
- näputäis soola

JUHISED:
a) Lisage kõik koostisosad keskmisesse kaussi ja segage.
b) Lase seista 1 tund, et maitsed seguneksid.
c) Serveeri maisitortillakrõpsudega.

69. Dragon Fruit Guacamole

KOOSTISOSAD:
- 1 draakoni vili
- 2 küpset avokaadot
- ¼ tassi kuubikuteks lõigatud punast sibulat
- ¼ tassi hakitud koriandrit
- 1 jalapeno pipar, seemnetest puhastatud ja hakitud
- 2 spl laimimahla
- Sool ja pipar maitse järgi
- Tortillakrõpsud, serveerimiseks

JUHISED:

a) Lõika draakonivili pooleks ja eemalda viljaliha.

b) Püreesta avokaadod keskmises kausis kahvli või kartulipudruga.

c) Voldi sisse draakonivili, punane sibul, koriander, jalapeno pipar, laimimahl, sool ja pipar.

d) Sega hästi ja lase guacamolel vähemalt 10 minutit seista, et maitsed sulaksid.

e) Serveeri jahutatult koos tortillakrõpsudega.

70. Dragon Fruit Chutney

KOOSTISOSAD:
- 1 draakoni vili, tükeldatud
- 1 spl taimeõli
- 1 väike sibul, peeneks hakitud
- 2 küüslauguküünt, hakitud
- 1 spl riivitud ingverit
- ¼ tassi pruuni suhkrut
- ¼ tassi õunasiidri äädikat
- ¼ tl jahvatatud kaneeli
- Sool ja pipar maitse järgi

JUHISED:
a) Kuumuta õli keskmisel kastrulis keskmisel kuumusel.

b) Lisage sibul, küüslauk ja ingver ning hautage, kuni sibul on pehme ja läbipaistev, umbes 5 minutit.

c) Lisa kuubikuteks lõigatud draakonivili, pruun suhkur, õunaäädikas, kaneel, sool ja pipar.

d) Kuumuta keemiseni, siis alanda kuumust ja lase podiseda, kuni kaste pakseneb ja draakonivili on pehme umbes 15-20 minutit.

e) Serveeri grill-liha maitseainena või kevadrullide dipikastmena.

71. Draakonivilja sinep

KOOSTISOSAD:

- ½ tassi kollaseid sinepiseemneid
- ½ tassi valge veini äädikat
- ¼ tassi kuubikuteks lõigatud draakoni vilja
- ¼ tassi mett
- ½ tl soola

JUHISED:

a) Leota sinepiseemneid vees vähemalt 6 tundi või üleöö.
b) Kurna sinepiseemned ja pane blenderisse või köögikombaini.
c) Lisage valge veini äädikas, tükeldatud draakonivili, mesi ja sool.
d) Blenderda ühtlaseks.
e) Tõsta segu puhtasse purki ja hoia enne kasutamist vähemalt 24 tundi külmkapis.
f) Kasutage võileibade, hot dogide või burgerite maitseainena.

72. Dragon Fruit Aioli

KOOSTISOSAD:
- 1 draakoni vili, tükeldatud
- ¼ tassi majoneesi
- 1 küüslauguküüs, hakitud
- 1 spl sidrunimahla
- Sool ja pipar maitse järgi

JUHISED:
a) Sega segistis kuubikuteks lõigatud draakonivili, majonees, küüslauk, sidrunimahl, sool ja pipar.
b) Blenderda ühtlaseks.
c) Tõsta segu kaussi ja jahuta enne serveerimist vähemalt 30 minutit.
d) Kasutage seda võileibade ja burgerite maitseainena või friikartulite dipikastmena.

73. Dragon Fruit BBQ kaste

KOOSTISOSAD:
- 1 draakoni vili (pitaya), kooritud ja tükeldatud
- 1 tass ketšupit
- 1/4 tassi pruuni suhkrut
- 2 spl sojakastet
- 2 spl õunasiidri äädikat
- 1 spl Worcestershire'i kastet
- 1 spl Dijoni sinepit
- 1 tl küüslaugupulbrit
- 1 tl sibulapulbrit
- 1/2 tl suitsupaprikat
- Sool ja pipar maitse järgi

JUHISED:
a) Püreesta hakitud draakonivili blenderis või köögikombainis ühtlaseks massiks.
b) Sega keskmises kastrulis draakoni puuviljapüree, ketšup, pruun suhkur, sojakaste, õunaäädikas, Worcestershire'i kaste, Dijoni sinep, küüslaugupulber, sibulapulber ja suitsupaprika.
c) Asetage kastrul keskmisele kuumusele ja laske segul keema tõusta.
d) Alanda kuumust ja lase kastmel umbes 15-20 minutit küpseda, aeg-ajalt segades, et vältida kõrbemist.
e) Maitse kastet ja maitsesta vastavalt oma eelistusele soola ja pipraga.
f) Tõsta kastrul tulelt ja lase draakonivilja BBQ-kastmel jahtuda.
g) Pärast jahtumist saad seda kasutada kohe grill-liha glasuurina või hoida seda õhukindlas anumas külmikus, et seda hiljem kasutada.

74. Draakoni puuviljasiirup

KOOSTISOSAD:
- 2 draakoni vilja (pitaya), kooritud ja kuubikuteks lõigatud
- 1 tass granuleeritud suhkrut
- 1 tass vett
- 1 spl sidrunimahla (valikuline, happesuse lisamiseks)

JUHISED:
a) Püreesta blenderis või köögikombainis kuubikuteks lõigatud draakonivili ühtlaseks massiks.
b) Sega keskmises kastrulis draakoni puuviljapüree, granuleeritud suhkur, vesi ja sidrunimahl (kui kasutate).
c) Asetage kastrul keskmisele kuumusele ja laske segul keema tõusta, aeg-ajalt segades, et suhkur lahustuks.
d) Alanda kuumust ja lase siirupil vaikselt podiseda umbes 15-20 minutit, lastes sel veidi pakseneda.
e) Tõsta kastrul tulelt ja lase siirupil jahtuda.
f) Pärast jahtumist kurnake siirup läbi peene sõela, et eemaldada seemned või viljaliha, ja suruge lusikaga alla, et kogu vedelik välja tõmmata.
g) Valage siirup steriliseeritud klaaspurki või -pudelisse ja hoidke külmkapis.

SMUUTID

75. Draakoni mango smuuti

KOOSTISOSAD:
- ¾ tassi külmutatud pitaya/draakoni vilja
- 1 tass külmutatud mango viile
- ¾ tassi ananassimahla

JUHISED:
a) Lisage tavalises köögimikseris kõik koostisosad ja segage ühtlaseks massiks.

76. Taimne Dragon Fruit Smoothie

KOOSTISOSAD:
- 1 ½ tassi kuubikuteks lõigatud ja külmutatud draakoni vilja
- 1 küps banaan
- ½ tassi külmutatud mustikaid
- ½–1 tassi taimset piima olenevalt soovitud paksusest
- ½ tassi külmutatud mustikaid

JUHISED:
a) Pane suures kiires blenderis põhja draakonivili, banaan, mustikad, piim ja chia seemned.
b) draakoni puuvilja smuuti
c) Lülitage blender sisse, alustades madalal kiirusel ja suurendades järk-järgult kiirust, kuni kõik on täielikult segunenud ja ühtlane.
d) draakoni puuvilja smuuti
e) Serveeri kohe!

77. Draakoni puuviljamaitseline Lassi

KOOSTISOSAD:
- 1 küps banaan
- 1 tass tavalist jogurtit
- 1/2 tassi draakoni viljaliha
- 2 spl mett või vahtrasiirupit
- Näputäis kardemonipulbrit
- Jääkuubikud (valikuline)

JUHISED:
Sega segistis küps banaan, maitsestamata jogurt, draakoni viljaliha, mesi või vahtrasiirup ja kardemonipulber.
Blenderda ühtlaseks ja hästi segunevaks.
Soovi korral lisa jääkuubikuid ja blenderda uuesti, kuni lassi on jahtunud.
Vala klaasidesse ja serveeri kohe.

78. Berry Dragon Fruit Smoothie

KOOSTISOSAD:
SMUUTIE:
- 1 tass külmutatud vaarikaid
- 1 ¾ tassi külmutatud roosa draakoni vilja (200 grammi)
- ½ tassi külmutatud murakaid
- 5,3 untsi maasika-kreeka jogurtit (150 grammi)
- 2 spl chia seemneid
- 1 tl laimimahla (½ laimi)
- 1 tl riivitud ingverit
- 1 tass magustamata mandlipiima või piima valikul

VALIKULINE GARNIS:
- chia seemned
- marjad

JUHISED:

a) Lisage segisti anumasse vaarikad, draakonipuuviljad, murakad, jogurt, chia seemned, laim ja ingver. Lisa mandlipiim, kata kaanega ja sega kõrgel kuumusel ühtlaseks.

b) Tehke paus, et vajadusel spaatliga anuma külgi kraapida. Kui smuuti on liiga paks, vala sisse nii palju mandlipiima, kui vaja, et saavutada soovitud konsistents.

c) Vala smuuti klaasi ja lisa soovi korral veel chia seemneid ja marju.

79. Kookose Chia Dragon Fruit Smoothie purgid

KOOSTISOSAD:
- 1 tass kookospiima (või teie valitud piimatooteid või piimatooteid)
- 3 spl chia seemneid
- 2 supilusikatäit hakitud kookospähklit
- 2 väikest külmutatud banaani
- 2 spl draakonipuu (pitaya) pulbrit
- Puuviljad ja hakitud kookospähkel katteks, valikuline

JUHISED:
a) Jagage kookospiim, chia seemned ja kookospähkel võrdselt kahe 8-untsise purgi vahel, katke kaanega ja segage või loksutage korralikult. Asetage kaetud purgid ööseks külmkappi, et chia seemnepuding pakseneks.
b) Kui oled söömiseks valmis, pane banaanid blenderisse ja blenderda ühtlaseks massiks.
c) Lisa draakoni viljapulber ja töötle, kuni see on banaanipüreeks segunenud.
d) Vala banaani/draakoni puuviljapüree purkides olevale chia seemnepudingule.
e) Soovi korral lisage kaunistamiseks puuvilju ja riivitud kookospähklit.

80. Vanilje keerutatud draakoniviljade smuutikauss

KOOSTISOSAD:

1 külmutatud banaan
1 tass draakoni puuviljapüreed
1/2 tassi tavalist kreeka jogurtit
1/2 tassi mandlipiima (või mis tahes piima valikul)
1 tl vaniljeekstrakti
Lisandid (nt viilutatud banaan, marjad, chia seemned)
JUHISED:

Segage segistis külmutatud banaan, draakoni puuviljapüree, kreeka jogurt, mandlipiim ja vaniljeekstrakt.
Blenderda ühtlaseks ja kreemjaks.
Vala smuuti kaussi.
Marmorse efekti loomiseks keerake sisse veidi draakoniviljapüreed.
Lisage soovitud lisanditega, nagu viilutatud banaan, marjad ja chia seemned.
Nautige kohe.

81. Draakoni puuvilja ja ananassi smuuti

KOOSTISOSAD:
- 1 tass kuubikuteks lõigatud draakonipuu
- 1 tass kuubikuteks lõigatud ananassi
- ½ tassi apelsinimahla
- ½ tassi kookospiima
- ½ tassi jääkuubikuid

JUHISED:
a) Kombineeri kõik koostisosad segistis.
b) Blenderda ühtlaseks ja kreemjaks.
c) Vala klaasi ja naudi!

82. Bloody Dragon Fruit Smuuti

KOOSTISOSAD:

1 draakoni vili
1 tass kookosvett
1/2 tassi külmutatud vaarikaid
1/2 tassi külmutatud maasikaid
1 supilusikatäis mett (valikuline)
Jääkuubikud (valikuline)

JUHISED:
Lõika draakonivili pooleks ja eemalda viljaliha.
Sega blenderis draakoni viljaliha, kookosvesi, külmutatud vaarikad, külmutatud maasikad ja mesi (soovi korral).
Blenderda ühtlaseks ja hästi segunevaks.
Soovi korral lisa jääkuubikuid ja blenderda uuesti, kuni smuuti on jahtunud.
Vala klaasidesse ja serveeri kohe.

83. Pitaya Bowl (draakonivili)

KOOSTISOSAD:

1 küps draakoni vili
1 banaan
1/2 tassi külmutatud marju (nagu maasikad või mustikad)
1/4 tassi mandlipiima (või mis tahes piima valikul)
Lisandid (granola, viilutatud puuviljad, pähklid, seemned)
JUHISED:
Lõika draakonivili pooleks ja eemalda viljaliha.
Sega segistis draakoni viljaliha, banaan, külmutatud marjad ja mandlipiim.
Blenderda ühtlaseks ja kreemjaks.
Vala segu kaussi.
Lisage soovitud lisanditega, nagu granola, viilutatud puuviljad, pähklid ja seemned.
Nautige kohe.

84. Peedi- ja draakoniviljade smuuti

KOOSTISOSAD:
- 1 peet, keedetud ja kooritud
- 1 draakoni vili
- 1 tass mandlipiima (või mis tahes piima valikul)
- 1 supilusikatäis chia seemneid
- 1 spl mett või vahtrasiirupit
- Jääkuubikud (valikuline)

JUHISED:

Lõika peet ja draakonivili tükkideks.
Sega segistis peeditükid, draakonivilja tükid, mandlipiim, chia seemned ja mesi või vahtrasiirup.
Blenderda ühtlaseks ja hästi segunevaks.
Soovi korral lisa jääkuubikuid ja blenderda uuesti, kuni smuuti on jahtunud.
Vala klaasidesse ja serveeri kohe.

85. Dragon Fruit Ginger Smoothie Bowl

KOOSTISOSAD:

1 külmutatud banaan
1 tass draakoni puuviljapüreed
1/2 tassi tavalist kreeka jogurtit
1/2 tassi mandlipiima (või mis tahes piima valikul)
1 spl värsket ingverit, riivitud
Valikulised lisandid (nagu granola, viilutatud puuviljad, kookoshelbed)

JUHISED:
Sega segistis külmutatud banaan, draakoni puuviljapüree, kreeka jogurt, mandlipiim ja värske ingver.
Blenderda ühtlaseks ja kreemjaks.
Vala smuuti kaussi.
Lisage soovitud lisanditega, nagu granola, viilutatud puuviljad ja kookoshelbed.
Nautige kohe.

86. Dragon Fruit Milkshake

KOOSTISOSAD:
- 1 küps draakoni vili
- 1 tass piima (piima- või taimne)
- 1/2 tassi vaniljejäätist
- 1 supilusikatäis mett (valikuline)
- Jääkuubikud (valikuline)

JUHISED:
Lõika draakonivili pooleks ja eemalda viljaliha.
Sega segistis draakoni viljaliha, piim, vaniljejäätis ja mesi (soovi korral).
Blenderda ühtlaseks ja kreemjaks.
Soovi korral lisa jääkuubikuid ja blenderda uuesti, kuni piimakokteil on jahtunud.
Vala klaasidesse ja serveeri kohe.

87. Draakoni puuvilja- ja mandli smuuti

KOOSTISOSAD:
- 1 küps draakoni vili
- 1 tass mandlipiima (või mis tahes piima valikul)
- 1 spl mandlivõid
- 1 spl mett või vahtrasiirupit
- Jääkuubikud (valikuline)

JUHISED:
Lõika draakonivili pooleks ja eemalda viljaliha.
Sega segistis draakoni viljaliha, mandlipiim, mandlivõi ja mesi või vahtrasiirup.
Blenderda ühtlaseks ja kreemjaks.
Soovi korral lisa jääkuubikuid ja blenderda uuesti, kuni smuuti on jahtunud.
Vala klaasidesse ja serveeri kohe.

88. Dragon Fruit Oat Smoothie

KOOSTISOSAD:

- 1 küps banaan
- 1/2 tassi draakoni puuviljapüreed
- 1/2 tassi valtsitud kaera
- 1 tass mandlipiima (või mis tahes piima valikul)
- 1 spl mett või vahtrasiirupit
- Jääkuubikud (valikuline)

JUHISED:

Sega segistis küps banaan, draakoni puuviljapüree, valtsitud kaer, mandlipiim ja mesi või vahtrasiirup.

Blenderda ühtlaseks ja kreemjaks.

Soovi korral lisa jääkuubikuid ja blenderda uuesti, kuni smuuti on jahtunud.

Vala klaasidesse ja serveeri kohe.

89. Dragon Fruit Mango jogurt ja Yakult smuuti

KOOSTISOSAD:

- 1 küps mango, tükeldatud
- 1/2 tassi draakoni puuviljapüreed
- 1/2 tassi tavalist jogurtit
- 1 pudel Yakulti või mõnda probiootilist jooki
- 1 spl mett või vahtrasiirupit
- Jääkuubikud (valikuline)

JUHISED:

Sega segistis kuubikuteks lõigatud mango, draakoni puuviljapüree, maitsestamata jogurt, Yakult ja mesi või vahtrasiirup.

Blenderda ühtlaseks ja hästi segunevaks.

Soovi korral lisa jääkuubikuid ja blenderda uuesti, kuni smuuti on jahtunud.

Vala klaasidesse ja serveeri kohe.

90. Draakoni puuviljade ja maasika smuuti

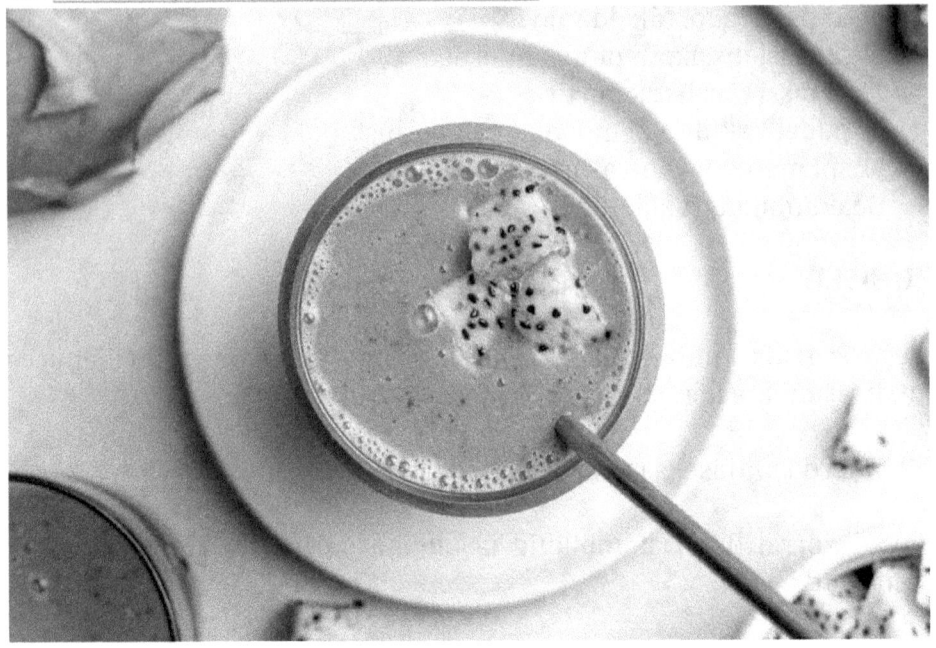

KOOSTISOSAD:
- 1 tass kuubikuteks lõigatud draakonipuu
- 1 tass värskeid maasikaid
- 1 banaan
- ½ tassi tavalist jogurtit
- ½ tassi jääkuubikuid

JUHISED:
a) Kombineeri kõik koostisosad segistis.
b) Blenderda ühtlaseks ja kreemjaks.
c) Vala klaasi ja naudi!

KOKTEILID JA MOKTEILID

91. Dragon Fruit Mojito

KOOSTISOSAD:
- 2 untsi heledat rummi
- ½ untsi laimimahla
- 2-3 supilusikatäit kuubikuteks lõigatud draakonivilju
- ½ untsi lihtsat siirupit
- 5-7 piparmündi oksi rebitud
- prits soodavett

JUHISED:

a) Alustage kokteilišeikerist ja lisage oma puuvilju, piparmünt, laimi ja lihtsat siirupit. Ajage need segadusse!
b) Lisa jää ja rumm. Seejärel raputage seda hulluks
c) Võtke loksutil kogu kaas maha ja valage segu klaasi.
d) Vajadusel lisa jääga
e) Top peale prits soodavett
f) Kaunista draakonivilja viiluga

92. Dragon Fruit Cucumber Limeade

KOOSTISOSAD:
DRAKONI PUUVILJASIIRUPI KOHTA:
- 1 tass suhkrut
- 1 tass kuuma vett (ei pea keema)
- 100 g külmutatud roosat draakoni vilja (umbes ½ tassi)

DRAKONIVILJA KURGILIMEEDI KOHTA:
- 1 untsi draakoni puuviljasiirup
- 1 unts värsket laimimahla
- ½ beebikurki (või 3 viilu suurt kurki)
- 1 viil jalapenot (valikuline)
- 4-6 untsi gaseerimata või gaseeritud vett (maitse järgi)
- 1 ½ untsi viina või tequila (valikuline)

SUURE PARTII TEGEMISEKS:
- 1 tass draakoni puuviljasiirupit
- 1 tass värsket laimimahla (umbes 8-9 laimi)
- 4-6 tassi külma gaseerimata või gaseeritud vett (maitse järgi)
- 1 kurk, tükeldatud
- ½ jalapenot, tükeldatud (valikuline. Kuumuse vähendamiseks eemaldage seemned)
- 1 ½ tassi viina või tequilat (valikuline)

JUHISED:
DRAKONI PUUVILJASIIRUPI KOHTA:
a) Kombineerige suhkur, kuum vesi ja külmutatud draakonivili kuumakindlas purgis või muus anumas. Segage, et aidata puuviljadel sulatada ja suhkur lahustada.

b) Laske segul mõni minut seista, kuni kõik puuviljad on sulanud ja suhkur lahustunud. Kasutage seemnete ja liigse viljaliha välja kurnamiseks peene võrguga sõela.

c) Ülejäänud siirupit säilitage külmkapis suletud anumas kuni 2 nädalat.

DRAKONIVILJA KURGILIMEEDI KOHTA:
d) Segage kokteilišeikeris kurk ja valikuline jalapeno.

e) Kui kasutate gaseerimata vett: lisage šeikerisse siirup, laimimahl, valikuline alkohol ja 4–6 untsi vett ning täitke ¾ jääga. (Kui kasutate viina, alustage 4 untsi veega, hiljem võite maitse järgi lisada).

f) Loksutage kuni jahutamiseni, seejärel kurnake vedelik jääga täidetud highball-klaasi ja kaunistage kurgiga.

g) Kui kasutate vahuvett: lisage šeikerisse siirup, laimimahl, valikuline alkohol ja 1 unts gaseerimata vett ning täitke ¾ jääga.

h) Loksutage, kuni see on jahtunud, seejärel kurnake vedelik jääga highball-klaasi ja lisage maitse järgi 4–5 untsi vahuvett. Kaunista kurgiga.

SUURE PARTII TEGEMISEKS:

i) Lisage kurk ja valikuline jalapeno blenderisse, kus on piisavalt vett, et blender töötaks (proovige ¼ tassi). Segage, kuni see on enamjaolt veeldatud, seejärel kasutage viljaliha eemaldamiseks peent sõela, säilitades vedeliku.

j) Lisa suurde kannu draakoni viljasiirup, värske laimimahl ja kurgi/jalapeno vedelik. Sega segamiseks.

k) Kui lisate viina või tekiilat, lisage kannule 12 untsi (1 ½ tassi) alkoholi ja lisage maitse järgi 4–5 tassi külma gaseerimata või vahuvett. Kui jätate alkoholi vahele, lisage maitse järgi 5-6 tassi gaseerimata või vahuvett. Sega õrnalt ja serveeri highball klaasides jää kohal.

l) Kaunista iga jook kurgiga.

93. Litši draakoni mocktail

KOOSTISOSAD:
- 1 tass litši mahla
- 1/2 tassi draakoni puuviljapüreed
- 1/4 tassi laimimahla
- 1 spl mett või vahtrasiirupit
- Soodavesi
- Jääkuubikud
- Kaunistuseks litši või draakonivilja viilud

JUHISED:
Sega kannus litšimahl, draakoni puuviljapüree, laimimahl ja mesi või vahtrasiirup. Sega põhjalikult.
Täida klaasid jääkuubikutega.
Vala mocktaili segu klaasidesse, täites need umbes 3/4 ulatuses.
Kõige peale lisa soodavesi.
Kaunista litši või draakoniviljaviiludega.
Serveeri jahutatult.

94. Kiivi punase draakoni mahl

KOOSTISOSAD:
- 1 punane draakoni vili
- 2 kiivit
- 1 tass vett
- 1 supilusikatäis mett või vahtrasiirupit (valikuline)
- Jääkuubikud (valikuline)

JUHISED:
Lõika punane draakonivili pooleks ja eemalda viljaliha.
Koori ja tükelda kiivid.
Sega blenderis draakoni viljaliha, kuubikuteks lõigatud kiivid, vesi ja mesi või vahtrasiirup (soovi korral).
Blenderda ühtlaseks ja hästi segunevaks.
Soovi korral kurna mahl viljaliha eemaldamiseks.
Jahuta mahl külmkapis vähemalt 1 tund.
Vala klaasidesse ja soovi korral lisa jääkuubikuid.
Serveeri külmalt.

95. Draakoni puuvilja limonaad

KOOSTISOSAD:
- 1 suur draakoni vili - roosa või valge viljaliha, koor eemaldatud
- 5 tassi vett
- ½ tassi agaavinektarit või vahtrasiirupit
- 1 tass värskelt pressitud sidrunimahla

JUHISED:

a) Sega draakonivili 1 tassi veega kuni soovitud tekstuurini.

b) Viige draakoni puuviljasegu limonaadi kannu ja lisage ülejäänud 4 tassi vett, sidrunimahla ja magusainet. Segage, maitsestage ja vajadusel reguleerige magusainet ja/või vett.

c) Serveerida koheselt jääkuubikutega täidetud klaasi kohal.

d) Hoia külmkapis jahtuma ja sega enne serveerimist korralikult läbi. Nautige!

96. Draakoni puuvilja-ploomi mahl

KOOSTISOSAD:
- 1 draakoni vili
- 2 küpset ploomi
- 1 tass vett
- 1 supilusikatäis mett (valikuline)
- Jääkuubikud (valikuline)

JUHISED:
Lõika draakonivili pooleks ja eemalda viljaliha.

Eemalda ploomidelt kivid ja lõika tükkideks.

Sega segistis draakoni viljaliha, ploomitükid, vesi ja mesi (soovi korral).

Blenderda ühtlaseks ja hästi segunevaks.

Soovi korral kurna mahl viljaliha eemaldamiseks.

Jahuta mahl külmkapis vähemalt 1 tund.

Vala klaasidesse ja soovi korral lisa jääkuubikuid.

Serveeri külmalt.

97. Draakonipuu Margarita

KOOSTISOSAD:
- 1 tass kuubikuteks lõigatud draakonipuu
- ¼ tassi laimimahla
- ¼ tassi apelsinimahla
- ¼ tassi kolmekordset sekundit
- Sool klaasi ääristamiseks
- Jääkuubikud

JUHISED:
a) Äärista klaas soolaga.
b) Sega draakonipuuvili, laimimahl, apelsinimahl ja kolm sekundit blenderis ühtlaseks massiks.
c) Täida klaas jääkuubikutega ja vala segu jää peale.
d) Kaunista laimiviilu või täiendava kuubikuteks lõigatud draakoniviljaga.

98. Dragon Fruit Spritzer

KOOSTISOSAD:
- 1 tass kuubikuteks lõigatud draakonipuu
- ¼ tassi laimimahla
- ¼ tassi lihtsat siirupit
- 1 tass mullivett
- Jääkuubikud

JUHISED:
a) Sega draakonivili šeikeris.
b) Lisa laimimahl ja lihtne siirup šeikerisse ning loksuta korralikult läbi.
c) Kurna segu jääkuubikutega täidetud klaasi.
d) Vala peale vahuveega ja kaunista veel kuubikuteks lõigatud draakoniviljadega.

99. Dragon Fruit & Lederberry kokteil

KOOSTISOSAD:

2 untsi draakoni puuviljapüree
1 unts leedri likööri
1 unts viina
1 unts laimimahla
½ untsi lihtsat siirupit
Jääkuubikud
Kaunistuseks draakoni puuviljaviilud

JUHISED:

Sega kokteilišeikeris draakoniviljapüree, leedri liköör, viin, laimimahl ja lihtne siirup.

Täida šeiker jääkuubikutega ja raputa korralikult läbi.

Kurna segu jääga täidetud klaasi.

Kaunista draakoni viljaviiludega.

Serveeri jahutatult.

100. Pitaya Picante kokteil

KOOSTISOSAD:
1 ½ untsi tequilat
1 unts laimimahla
1 unts lihtsat siirupit
½ untsi kolmik sekundit
½ tassi draakoni puuviljapüreed
2-3 viilu jalapeñot
Jääkuubikud
Kaunistuseks laimiviilud ja draakoniviljaviilud
JUHISED:

Sega jalapeño viilud kokteilišeikeris.

Lisa šeikerisse tekiila, laimimahl, lihtsiirup, triple sec ja draakoni puuviljapüree.

Täida šeiker jääkuubikutega ja raputa korralikult läbi.

Kurna segu jääga täidetud klaasi.

Kaunista laimiviilude ja draakoniviljaviiludega.

Serveeri jahutatult.

KOKKUVÕTE

Loodame, et see kokaraamat on inspireerinud teid draakonivilju oma toidukordadesse lisama ja uusi retsepte proovima, mis näitavad selle ainulaadset maitset ja vapustavat välimust. Olenemata sellest, kas olete kogenud kokk või algaja, on draakonivili mitmekülgne ja hõlpsasti kasutatav koostisosa, mis võib mis tahes roogi paremaks muuta.

Seega, järgmine kord, kui oled toidupoes või taluturul, haara kindlasti paar draakonivilja ja lase oma loovusel köögis lennata. DRAAKONI PUUVILJAD MÕNUD teie kõrval avaldab kindlasti oma sõpradele ja perele muljet oma maitsvate ja tervislike draakoniviljade loominguga. Nautige!

www.ingramcontent.com/pod-product-compliance
Lightning Source LLC
Chambersburg PA
CBHW071829110526
44591CB00011B/1273